G A N D H I

Giovanni
Mattazzi

GANDHI
EL ALMA GRANDE

Traducción del italiano:
María Eugenia Frutos

CIRCULO de LECTORES

TÍTULO ORIGINAL
Gandhi
La Grande Anima

TRADUCCIÓN DEL ITALIANO
María Eugenia Frutos

DIRECTOR ARTÍSTICO
Giorgio Seppi

COORDINADOR EDITORIAL
Tatjana Pauli

DOCUMENTACIÓN GRÁFICA
Lucia Impelluso

REDACCIÓN
Michele Lauro, Luca Selmi

DISEÑO Y MAQUETACIÓN
Elena Dal Maso

CUBIERTA
Federico Magi

CARTOGRAFIA
Estudio Margil, Pavia

Círculo de Lectores, S.A. (Sociedad Unipersonal)
Travessera de Gràcia, 47-49. 08021 Barcelona.
www.circulo.es
2010987654321

Licencia editorial para Círculo de Lectores por cortesía
de Arnoldo Mondadori S.p.A.

ISBN 84-226-9503-0
Depósito legal: TO-1181-2002
Imprime: Artes Gráficas Toledo S.A.U.
N.° 31211

Sumario

7 Presentación

9 INDIA, UNA PATRIA NECESARIA
10 La tierra de los faquires
11 Crisol de razas y de religiones
19 El Imperio del Gran Mogol
25 El colonialismo europeo
27 La conquista británica

35 LA VIDA DEL MAHĀTMĀ
36 Un futuro de burgués acomodado
37 A Londres para hacerse abogado
40 Hombre de leyes en Pretoria y camillero en el frente
42 Fundación del «Indian Opinion»
45 *Satyāgraha* contra la «Ley asiática»
47 Encarcelado en vísperas de la Gran Guerra
49 Pausa de reflexión mientras Europa arde
54 Fracasa el *Satyāgraha* general
56 Empieza la no cooperación
59 Trabajo intelectual en prisión
61 A un paso de la independencia
64 Vuelta a la lucha y «Marcha de la sal»
70 En Jeravda, en el fango y en Europa, en los altares
73 Arrestos, cárcel, ayunos, atentado fallido
78 Vanas esperanzas de independencia
80 Leal con el Imperio en el huracán de la guerra
83 Marchan los ingleses, pero Pakistán se separa
85 Gāndhī asesinado en Delhi

89 TEORÍA Y PRÁXIS DEL SATYĀGRAHA
90 La búsqueda de la verdad
94 Potenciar el espíritu mediante la abstinencia
97 El ayuno como expiación de la culpa
99 ¿Es el ayuno un chantaje moral?
101 La no-violencia
106 Despojarse de bienes
110 Hilar el algodón y no cooperar
113 La desobediencia civil
115 El espejismo de la autosuficiencia
120 ¿Tiene futuro la no-violencia?
122 Difusión del pacifismo en el mundo

135 *Aforismos de Gāndhī*
140 *Glosario mínimo*
141 *Bibliografía*
143 *Referencias fotográficas*

Presentación

La independencia de India no fue una graciosa concesión de la corona británica, sino el resultado de una dura lucha anticolonialista del pueblo indio. Y no con la fuerza bruta sino con la no-violencia predicada por Gāndhī. La actual gran democracia, de millones de hombres, supo lograr lo que con las armas, en casi dos siglos de régimen colonial, no se había logrado. El Mahātmā *puede ser considerado «un hombre predestinado». A él le corresponde el mérito de aportar a la espiritualidad hindú, tan respetuosa hacia toda forma de vida, los instrumentos pragmáticos de la lucha política. La astucia, ambigüedad y compromisos que le son consustanciales, unidos a la paciencia, el espíritu de sacrificio y una especie de «agresividad» no-violenta, fueron la base de aquel singular connubio del que Gāndhī supo extraer una fuerza formidable. El haber intuido, tras la Gran Guerra, que la época del colonialismo declinaba, le indujo a considerar que podía alcanzarse el objetivo mítico de la independencia. La esperanza de los pueblos en un nuevo orden mundial –basado en la autodeterminación y el respeto recíproco de los derechos– había acentuado sus convicciones y reforzado su determinación. Había que acentuar las contradicciones internas de un país libre y democrático –como Gran Bretaña– y conducirlo hasta un punto sin retorno. En ese momento, la independencia sería una necesidad inaplazable y la consecuencia lógica de un proceso imparable. Así ocurrió. Debemos reconocimiento al pequeño hombre de Gujarat por haber demostrado, con los hechos, que la no-violencia (si bien en un contexto peculiar) puede salir victoriosa. Y su trágico e imprevisto final, tanto más absurdo por el enorme contraste entre la sangre derramada y su indefensa fragilidad, hacen de él una figura única, uno de esos hombres que sólo aparecen cada mil años. «¿A qué viene tanto llanto? –exclamó, la poetisa Sarojini Naidu, testigo de tantas batallas junto al* Mahatma, *al ver a la gente desesperarse junto a su cuerpo exánime–, ¿habríais preferido que muriera de vejez? ¡Ésta es la única muerte lo bastante grande para él!». Como todas las revoluciones, tampoco la «gandhiana» es exportable y hace de India una excepción histórica. Las revoluciones surgen cuando en un contexto sociopolítico concreto se suman condiciones excepcionalmente favorables que, por lo general, no pueden reproducirse mecánicamente en otras partes. Los movimientos pacifistas –aparecidos en el mundo tras la huella de aquel ejemplar testimonio– pueden contribuir a mantener vivo el recuerdo y a promover instancias de paz y fraternidad, que sirven para afrontar con espíritu crítico la inhumanidad de una potencial catástrofe futura. Mas difícilmente podrán reproducir aquella experiencia irrepetible. Por eso hemos definido a India como una patria «necesaria». Porque sólo en esa tierra contradictoria –tan impregnada de espiritualidad– podía haber realizado Gāndhī su proyecto y recorrer su destino. Sólo en India habría podido convertirse en lo que fue.*

India, una patria necesaria

«Una gota en el océano forma parte de la inmensidad del conjunto, aunque no tenga conciencia de ello. Pero ésta se evapora apenas entra en un ámbito distinto del océano».

Gāndhī, 1933

La tierra de los faquires

Cuando se piensa en India, el imaginario colectivo se dirige inmediatamente al faquir, por lo singular de esta figura, absolutamente impensable en cualquier otra parte. Fenómeno antiguo, el faquirismo se basa en el despertar de una fuerza psíquica, *śakti* (potencia) que permite la superación de pruebas de otro modo imposibles para el organismo humano. Por eso puede verse a un faquir arrastrar un autobús con veinte personas a bordo con la sola fuerza de su cabello. U otro que seca, sólo con el calor de su cuerpo, al aire libre en la cima de una montaña, sábanas empapadas. Hay incluso quien mueve y desplaza sus propias vísceras sin tocarlas y quien anda, con indolencia, sobre una alfombra de brasas encendidas. Es la India de los misterios, que extrae su esencia de un pasado lejano y de siglos de experiencias, de meditación, de búsqueda espiritual y religiosa que han modelado un alma con múltiples facetas, pero que precisamente por eso fascina y prende. Sin las gestas de Alejandro Magno, y la conquista del Punjab y el Sind, los griegos no habrían tenido información directa sobre India. Las noticias que Tolomeo había recogido y ordenado le habían sido probablemente suministradas por mercaderes del interior, atraídos a la costa por razones de comercio. Más tarde, con el declive de Roma, se había llegado gradualmente a la interrupción total

de los contactos, e India había vuelto a sumirse en el misterio. A partir de la disolución de la hegemonía grecoromana, el vacío había sido colmado por árabes y chinos. Parece cierto que los comerciantes árabes desarrollaban su actividad en los siglos II y III entre el Mediterráneo, el Mar Rojo y Ceilán, mientras que entre los siglos IV y VIII son los chinos quienes ocupan el primer plano. A ello contribuyó el gran movimiento religioso que entre los siglos VI y VII impregna todo el país. Los árabes permiten a Occidente retomar el contacto con la península gracias a los relatos de viaje de Abul Kassim (s. IX) y a los recorridos por India y por China de al-Masudi de Bagdad (s. X), auténtico *Baedeker* de la época. Pero corresponde al veneciano Marco Polo desvelar para Occidente, con el *Milione*, los pueblos y las costumbres de India. Con motivo de la feroz lucha religiosa que tenía lugar a la sazón, el Islam había interceptado a la Iglesia la puerta de Oriente y no fue sino en el s. XIV cuando el franciscano Odorico da Pordenone logró visitar algunos países, entre ellos Persia, India, Sumatra y Java. Y, finalmente, el gran cambio: el portugués Vasco de Gama –doblando en 1498 el Cabo de Buena Esperanza– llega a India y abre el camino, primero a las expediciones comerciales portuguesas y holandesas, y después a las francesas e inglesas, más sistemáticas.

Crisol de razas y religiones

India es la encrucijada de las razas del mundo. Sólo en esta tierra se concentran en un espacio limitado los representantes de los tres mayores grupos físicos humanos: los hombres de piel clara, los de rostro aplastado y piel amarillenta, y los de piel oscura. En ningún otro lugar la confusión entre razas, pueblos y babel lingüística ha alcanzado jamás una evidencia tan palmaria. Los equívocos también han ido a la par con la confusión. Cuando se descubrió la clave de lectura del sánscrito, se consideró erróneamente que podía basarse toda la lingüística y la etnología de India exclusivamente en la contraposición entre los arios y los supuestos autóctonos de India que hablaban el dravídico. Que existen en India lenguas arias y lenguas dravídicas está

Página contigua, arriba: encantador de serpientes indio a fines del s. XIX. Abajo: Francesco Roselli, «mapa oval del mundo», 1508.

Derecha: Vasco de Gama en un grabado del s. XVI.

fuera de duda, pero a esa división no le corresponde una partición racial simétrica, puesto que a la lingüística dravídica pertenecen todos los tipos físicos presentes en el País.

Actualmente, el progreso de la investigación genética ha permitido arrojar luz sobre muchas cuestiones relativas a la distribución étnica del hombre sobre la tierra. Ha sido posible seguir las migraciones de los pueblos y las superposiciones y los encuentros entre las distintas razas. Representante ilustre de dicha investigación, el estudioso italiano Luigi Luca Cavalli-Sforza, en su libro *Geni, popoli e lingue* (Adelphi, 1996), escribe a propósito de la India: «Todos, o casi, los pueblos de India son caucasoides, aunque tengan la piel más oscura que los caucasoides del norte, pero las poblaciones del sur que hablan lenguas dravídicas tienen una composición genética algo diferente. Así pues, en esa parte del mundo tenemos la superposición de al menos tres estratos étnicos: uno, el más antiguo y extremadamente limitado, no suficientemente estudiado, que presenta un tipo físico que tiene alguna (vaga) semejanza con los aborígenes australianos (australoides); los dravídicos, sobre todo en el sur de India, donde se han mezclado menos con los invasores arios; los últimos, los arios, que son más claros de piel. En la parte central y oriental de India hay también infiltraciones del sudeste asiático».

Igualmente rico y abigarrado es el panorama de las religiones profesadas en este gran país. El término hinduismo, por ejemplo, no remite a una religión bien definida. Es un término comodín utilizado en el s. XIX para agrupar el conjunto de religiones existentes en India. Deriva del persa *hindu*, originado a su vez en un término sánscrito que significa río. Hace referencia a los habitantes del valle del Indo y, por tanto, significa «indio». La gran mayoría de habitantes de la India, actualmente casi mil millones, se considera hindú. Pero las creencias religiosas de esta enorme masa están, cuanto menos, diversificadas. Tienen muchas características comunes, pero ninguna expresión del hinduismo puede contenerlas a todas. Es neta, pues, la diferencia entre la religión profesada por el pueblo y la teoría de la religión filosófica. El hinduismo hunde sus raíces en las tradiciones de los primeros habitantes de la India: La civilización del Valle del Indo, que duró casi un milenio (2500 a.C.-1500 a. C.), la cultura dravídica, más evolucionada, que sobrevive entre los tamiles del sur de India, y la religión de los pueblos arios que, a partir de 1500 a. C., ocuparon la India noroccidental. La religión védica fue un desarrollo de las primeras formas religiosas arias. Ésta se basa en el sacrificio y en los *Veda*: textos sagrados transmitidos oralmente y depositarios de las verdades eternas. La compilación de los *Veda* -junto a otros posteriores, transmitidos antes oralmente- se pusieron por escrito en la época presente, llamada *Kaliyuga*: una época de degeneración, según la visión cíclica del tiempo de los hindúes, que considera el mundo como el resultado de una serie de creaciones y de destrucciones. En el origen estaban *Rudra* e *Indra*, divinidades elementales que se desarrollaron en época posterior en la tríada: *Brahmā, Vishnu* y *Shiva*. El concepto básico es que en los hombres hay un alma inmortal (*ātman*) que renace millones de veces, en formas siempre distintas, según la ley moral (*karma*) que prevalece en el universo. El *karma* no debe ser interpretado como un premio o un castigo, pues es una ley impersonal que actúa de forma autónoma y automática. Se puede evitar el *karma*, pero el instrumento con el que se puede evitar (*moksha*) es precisamente el hinduismo. Jainita es el seguidor de *Gina* cuya vida y enseñanzas están en la base del jainismo, otra forma religiosa profesada en India. En 1921, en la época de pleno activismo político de Gāndhī, el porcentaje de la población que profesaba dicha religión era, según el censo de ese mismo año, del 0,37%. El porcentaje subiría bastante tras la separación entre India y Pakistán de 1947, como consecuencia del cómputo de cálculos en vastas áreas tradicionalmente de religión musulmana.

Página contigua: peregrinos hindúes en meditación a orillas del Ganges.

Abajo: devoto realizando las abluciones rituales y la oración cotidiana.

El Jainismo, una vía para la salvación del individuo

El jainismo es una doctrina surgida en India en el primer milenio a. C., y que cuenta actualmente con unos tres millones de fieles. El término deriva del sánscrito *jina*, «triunfador», epíteto atribuido al fundador histórico del jainismo, Vardhamana Mahavira (que vivió probablemente entre 540 y 468 a. C.), que con su ejemplo enseñó a vencer la materia, librándose de la esclavitud del eterno ciclo de los renaceres. A diferencia del hinduismo, que predica la observancia de los ritos y de los sacrificios a los dioses, el jainismo ofrece una vía de salvación individual, fundada en el ascetismo, la meditación y la no violencia, que influyó profundamente en el pensamiento de Gāndhī. Según la tradición jainita, la doctrina fue transmitida desde la antigüedad por 24 maestros llamados *Tīrthamkara*, («constructores del

paso del río», es decir, los que indican a los fieles la vía de la salvación más allá del ciclo de las reencarnaciones), 22 de los cuales serían figuras místicas que vivieron en épocas legendarias y los dos últimos habrían vivido en época histórica.
En el plano filosófico, los seguidores del jainismo consideran que el «Ser» es indeterminado (*anekānta-vāda*) y no puede expresarse. En la vía del conocimiento, reviste particular importancia la

práctica de la meditación orientada a asegurar la paz interior. La realidad del universo es *jīva*, principio vivificador que da origen a las infinitas formas de vida insertando el espíritu en el ciclo del *karma*, es decir, en el ciclo de las existencias terrenales. Se trata de una caída dolorosa que aprisiona las almas en la materia (*pudgala*) oscureciendo su luminosidad originaria. Tres son las joyas (*tri-ratna*) que brillan en la vía de la salvación espiritual: la recta fe, el recto conocimiento y la recta conducta. De estas tres gemas la más valiosa es la tercera, que dicta las reglas de comportamiento, los «grandes votos»: 1) no matar ningún ser vivo; 2) no mentir; 3) no robar; 4) abstenerse de la impureza; y 5) renunciar a los bienes del mundo. Más tarde se añadió un sexto precepto: no alimentarse después de la puesta del sol. El voto de la no-violencia conduce a formas radicales de observancia, como el uso de gasas sobre la boca para evitar tragar involuntariamente insectos o la costumbre de barrer la tierra donde se han de posar objetos para evitar aplastar eventuales formas de vida. También la disciplina del ayuno, llevado en alguna ocasión hasta la muerte, forma parte de las prácticas de purificación y de ascetismo (*tapas*) que tienen por objeto librar de los vínculos del ciclo del *karma*. La salvación consiste en la liberación del mundo de los renaceres —hecho de dolor e ignorancia—, hasta alcanzar el *nirvāna*, mundo de la eterna beatitud, situado en un lugar llamado *sītā*, pálido como una concha, blanco como una piedra *anka* y como una flor *kunda*.

El jainismo está dividido en dos corrientes, la más moderada de los *sthariva kalpa*, es decir, de los monjes mendicantes «vestidos de blanco» (*śvetāmbara*), según la cual hasta las mujeres pueden alcanzar el *nirvāna*, y la más radical de los *jina kalpa*, es decir, los monjes «vestidos de cielo» (*digambara*) que peregrinan completamente desnudos y observan un ascetismo rígido, rechazan a las mujeres y colocan en los templos sus estatuas sin ropajes.

Página contigua: divinidad jainita en el templo de Indrasabha, en Ellora (Maharashtra), Gruta 32, ss. IX-XI d. C.

Derecha: monje jainita meditando.

A pesar de ser una pequeña minoría difundida mayormente en la India noroccidental (Punjab, Gujarāt, Rajasthan y también Bengala) y, en general, en las grandes ciudades, los jainitas siempre han tenido una gran influencia en el país. Gujarāt, el estado natal de Gāndhī, es sede desde el s. III de una importante comunidad jainita que influyó mucho en el futuro líder espiritual, que acogió en particular los preceptos relativos a la no-violencia y el respeto hacia todos los seres vivos. Los jainitas no creen en un dios creador y dan del *karma* una interpretación distinta de aquella dada por el hinduismo. El ascetismo reviste una particular importancia en la práctica jainita, pues representa el medio para el perfeccionamiento de sí y la eliminación del *karma*, hasta la liberación del alma del mundo material.

El budismo surgió históricamente en India en el s. VI o V a. C. cuando el futuro Buda, el maestro

Siddhārtha Gautama alcanzó la «iluminación», es decir, la verdad suprema en virtud de la cual los hombres se liberan del ciclo de los renacimientos. Buda el «Iluminado», enseñó a los hombres el camino para alcanzar el conocimiento total, necesario para sustraerse a la ley del *karma*. Su pensamiento está recogido en las cuatro «nobles verdades»: 1) Toda existencia es *dukkha*, insatisfactoria y llena de sufrimientos. 2) El *dukkha* nace del *tanhā*, ansia o apego, que es el deseo de encontrar un anclaje estable en un mundo que es, por el contrario, transitorio. 3) El *dukkha* puede ser totalmente eliminado y esto es el *nirvāna*. 4) El *nirvāna* se puede alcanzar siguiendo el denominado «sendero de ocho escalones», que contempla una serie de disposiciones ulteriores. Nacido en India, Buda asimiló las ideas religiosas dominantes en el país, aunque modificó algunas radicalmente. Aceptó el concepto del renacimiento a través de muchas vidas, conforme a la ley impersonal del *karma*, pero rechazó el concepto de alma (*ātman*) que renace porque, en su opinión, no hay permanencia en cosa alguna. Sólo hay el sucederse de formas visibles que se originan unas en otras . Por tanto, incluso la muerte no es sino una nueva forma de lo que aparece. Sólo el logro del *nirvāna* bloqueará el automático sucederse de las formas, consecuencia del *karma*, es decir del principio de causa y efecto. Por ello, el objetivo es la extinción del deseo y del apego al mundo material. El budismo se extinguió en India, tras una permanencia de 1200 años, quizás a consecuencia de las invasiones islámicas del s. XI. Se difundió en China, Mongolia, Corea, Japón y Tíbet. Actualmente, en India es practicado por un porcentaje mínimo de fieles y está confinado en los estados himalayos, en Birmania, en Cachemira y en Ceilán (Sri Lanka). La característica de la religión *sij*, forma religiosa surgida a principios del imperio mogol, en la época de los conflictos entre hinduistas y musulmanes del s. XV d. C., es la fe en un Dios único. Éste es el auténtico maestro (*Sat Guru*) cuyas enseñanzas son reveladas por los propios *guru*. En la lengua *punjabi* el término *sij* significa discípulo, mientras que el término *guru*, que en el hinduismo representa cualquier maestro o guía, para los *sij* tiene referencias bien precisas: Dios en primer lugar, y luego los doce jefes de la fe, desde el fundador Guru Nanak (1469-1539) hasta Guru Gobind Singh (1666-1708), quien codificó los preceptos fundamentales de la doctrina. Los maestros espirituales son los depositarios de la doctrina revelada contenida en la sagrada escritura de los *sij*, el llamado Guru Granth Sahib. Según la visión de Nanak, Dios ha creado todas las cosas y todo depende de su voluntad. Dios no se manifiesta en el mundo sino que son los *guru* quienes deben difundir su verdad. Para los *sij* es particularmente importante la meditación, a realizar por norma con la oración matutina. El objetivo es la absoluta bienaventuranza (*sachkand*) que sitúa al hombre más allá de todo y del *karma*. Actualmente cerca de 12 millones de indios profesan la religión *sij*, concentrados en el Punjab y en la capital Delhi.

El islamismo y el cristianismo también están presentes en India, aunque en proporciones muy distintas. El Islam es, entre las religiones extranjeras de India, la que cuenta con mayor número de adeptos,

Página contigua, arriba: esculturas en el templo jainita de Parsvanatha, en Khajuraho (Madhya Pradesh), s. XI.
Abajo: devotos jainitas en el templo de Tejahpāla en el monte Abu (Rajasthan).

Arriba: los «mil budas», atrio del santuario de la gruta 2 de Ajanta (Maharashtra), ss. V-VI.
Abajo: Buda pronunciando su primer sermón; Museo de Sarnath (Uttar Pradesh).

consecuencia de la conquista musulmana del s. XI y de la larga presencia del reino indomusulmán del Gran Mogol. Está difundido en Cachemira y en el Punjab, en Decán, en torno a Haiderabad, al este de Bengala. En cuanto al cristianismo, una antigua tradición habla de su introducción en India por santo Tomás. De hecho, los portugueses encontraron, en la época de su colonización, los denominados «Cristianos de santo Tomás» en las costas de Malabar, donde ya Cosma Indicopleuste había señalado la presencia de comunidades cristianas. Éstas están actualmente presentes en Goa y en Travancore, la región costera del extremo sudoccidental de la península. Según el censo de 1951, cuatro años después de la muerte de Gāndhī, sobre una población de 362 millones –la explosión demográfica se dio en las décadas siguientes– el resultado, a propósito de la confesión religiosa declarada, era: hinduistas 84,99%; musulmanes 9,93%; sij 6,20%; cristianos 2,30%; jainitas 1,60%, además de porcentajes irrelevantes de budistas, hebreos, parsi y animistas.

Arriba: el templo de Oro de Amritsar (Punjab), célebre lugar de culto sikh.
Abajo: el mausoleo de Humāyūn, en Delhi (1564), de entre los más grandes ejemplos de arquitectura indomusulmana.

Página contigua, arriba: la corte del emperador Bāber, miniatura del *Bāber-nāmeh*, 1529 aprox.; Washington, Smithsonian Institution.
Abajo: otra miniatura del *Bāber-nāmeh*, 1530 aprox.

El Imperio del Gran Mogol

Fueron los occidentales quienes denominaron Gran Mogol la dinastía indomusulmana de los Moghūl. Su fundador fue, en 1526, Bāber, descendiente de Tamerlán, tras haber ocupado vastas regiones de India noroccidental, y su expresión más alta fue su nieto Akbar el «Máximo», cuya fama de soberano iluminado y de audaz reformador fue tal que superó los confines de India y le merecieron el apelativo de «Gran Mogol», que fue extensible, por convención, a sus sucesores. Mas antes de la llegada de los musulmanes, India había conocido una vicisitud larga y atormentada. En Chota Nagpur, una región al oeste de Calcuta, los santal que hablan la lengua munda son los descendientes de los habitantes más antiguos de India. Otras antiguas poblaciones indígenas son los drāvidas, que hablan lenguas aglutinantes, es decir lenguas que integran varios elementos lingüísticos, pero de modo que se puede reconocer la forma de los componentes. La civilización india más antigua conocida fue sacada a la luz en el Valle del Indo, en la zona de Harappa y Mohenjo-Daro (3000 a. C.), y atestigua relaciones entre India y Babilonia. A partir de casi dos mil años a. C., las dos grandes invasiones de los arios que hablaban una lengua indoeuropea, primero hacia el Indo (1800 a. C.) y luego hacia el Ganges (1000 a. C.), llevaron a una integración entre invasores y autóctonos que en el s. VI a. C. se puede dar por concluida con el nacimiento de la civilización brahmánica. Con ésta aparecen grandes monarquías que tienen en Delhi su epicentro. La agricultura cobra gran impulso, con la notable expansión del cultivo del arroz, el centeno y el sésamo. A ello le sigue el desarrollo del comercio, con el incremento de la navegación

fluvial y con la introducción de la moneda en los intercambios. En este periodo, de 500 a 150 a. C., se forma la casta sacerdotal, cuando la civilización brahmánica llega a impregnar toda la India, incluido Ceilán. El primer gran conglomerado político indio que se recuerda es el imperio de los magadha, confinado en las cuencas del Ganges y el Indo, que declinó en el s. IV a. C. Dos siglos antes, la tierra regada por el Indo había sido anexionada al imperio persa, en tiempos de Darío I (522-486 a. C.), mientras que Alejandro Magno había llegado a la misma zona a través del Khyber Pass, en 327 a. C. Los selyúcidas y los soberanos griegos de Bactriana prolongarían, después de Alejandro, la hegemonía griega en la zona durante más de dos siglos. Con el fin del poder griego y con la llegada del gran imperio de los maurya y después con la dinastía de los sunga, India conoció, en los siglos II y I a. C. un gran desarrollo

religioso y cultural. Es la época dorada del arte indio y de la arquitectura, con extraordinarios testimonios como la *Stūpa* de Sanchi. Mas todo acaba con la historia, y ahora mandan los escitas, derrotados a su vez por los malava en 57 a.C. La dinastía gupta será la que confiera una nueva dignidad al antiguo imperio de los maurya. Candragupta, en 317 d. C., funda un nuevo imperio y –tras otras rebeliones y la constitución de sucesivas entidades políticas que se desarrollan y caen– en el s. VII se consolidan dos vastos nuevos imperios, uno al sur, en el Malwa, y el otro en el norte, en Kanauj. En la época de los gupta, es cuando tiene lugar la fusión entre brahmanismo y budismo. A la muerte de Harsawardhana, en 647 d. C., se inicia un periodo de anarquía y de invasiones desde el norte. El imperio septentrional se disuelve y, con el ascenso del clan de los Rājput, comienza una especie de feudalismo que al no lograr coaligarse en un poder político central, no es capaz de gobernar el choque de las invasiones musulmanas. En 783 la situación política general divide a India en dos grandes reinos: el de Tanauj, al norte, con la capital en Kanauj; y el otro al sur, con capital en Ujjayini. Este último da origen al imperio gurjara, nombre de una tribu bárbara llegada con los hunos. Y son precisamente los gurjara los que conquistan el reino de Tanauj en 843 d. C. y reunifican todo el Indostán llevando la capital a Kanauj. El sultán Mahmūd pone fin a todo ello al conquistar la capital en 1019, dando así inicio a la penetración musulmana en India. La victoria de Muhammad al-Gōhrī, en 1192, marca la definitiva conquista musulmana de la India, que se extiende hasta el sur de Madras. También Ceilán entra en la órbita musulmana, aunque no sea más que por ser muy frecuentado por navegantes islámicos que llegan a sus costas para comerciar. Mas quien desee comprender ha de reflexionar a fondo sobre la historia de la India. No puede ser la historia política -es decir, la sucesión de dinastías e imperios que surgen, alcanzan su plenitud y declinan- la que de sentido a la evolución de la civilización india, sino que es la historia espiritual y religiosa la que constituye la auténtica esencia de la India, porque es la que sobrevive. La historia política está hecha de dinastías caducas, la historia espiritual está hecha del pueblo con su alma inmutable. A partir de 711, gracias a Muhammad ibn al-Qāsim, la presencia árabe en India se hace más consistente a lo largo de la costa y, subiendo al Punjab, llega a afectar una vasta área en torno a Multan. La penetración islámica sistemática no se da hasta inicios del s. XI con Mahmūd al Gahznah, soberano y guerrero. Éste, tras consolidar el dominio de Afganistán, atraviesa el Khyber Pass, penetra en India y somete zonas del noroeste que gravitan en torno a Lahore, ganándose fama de «destructor de ídolos».

Completó la conquista de India Muhammad al-Gōhrī Mu'izz ad-dīn, que avanzó por oriente hasta Bengala. La capital fue llevada a Delhi. Mas a su muerte, ocurrida en 1206, la unidad del reino se desgarró al ser dividido el territorio entre sus generales turcos, lo que dio origen a una serie de dinastías militares destinadas inevitablemente a producir desórdenes y guerras civiles. Sería la dinastía de Delhi, gracias a Iltut mish, la que impondría su soberanía al Sind y a Bengala, disipando al mismo tiempo el intento de penetración de los tártaros, realizado por Gengis Khān. Después los árabes se dirigieron al sur hacia el reino de Malwa, en el Decán. Pero será Muhammad Tughluq (1322) quien conquiste definitivamente dicha región, llevando la capital a Dawlat-ābād, en el centro de India, dando inicio a un interesante intento de fusión con el elemento

Página contigua, arriba: el soberano mogol Akbar (1542-1605) recibe la noticia del nacimiento del príncipe Selim (futuro *Giahānghīr*), miniatura del *Akbar-nāmeh*, el libro de Akbar, 1590 aprox.; Londres, Victoria and Albert Museum.

Abajo: Akbar corona a su hijo, 1631, del Minto Album; Dublín, Chester Beatty Library.

Arriba: Tamerlán, en una miniatura del *Sumario histórico de los soberanos del imperio mongol*; París, Bibliothèque Nationale.

indígena. A su muerte, ocurrida en 1351, el imperio se desmembró. Pero es en este periodo cuando cesan de gozar de independencia los dos últimos estados de la India meridional. A la sazón ya está toda la India en manos de los islámicos.

Se ha de decir que lo que modificó las condiciones generales de la civilización india fueron más las innovaciones culturales, traídas con ellos por los conquistadores, que las vicisitudes políticas de los reinos y los imperios. El islamismo de los conquistadores había asumido desde hacía siglos una impronta persa, y fue, por tanto, la civilización persa, arabizada, la que se difundió en India. Pero esta civilización no logró fundirse, más que en una parte mínima, con la indígena, sea por la resistencia de ésta, tenaz y pasiva, o por la actitud de los conquistadores, opresiva y explotadora, y por su desprecio por una población considerada idólatra.

La invasión mongola de Tamerlán (1398-1400) afectó a los reinos septentrionales, pero dejó intactos los reinos del centro y el sur de India. Pero la empresa de Tamerlán no produjo efectos duraderos, y no fue sino un lejano descendiente suyo, Bāber, quien, ocupado Afganistán, trajo de nuevo a los mongoles a la

Akbar, el Gran Mogol

El verdadero nombre de Akbar (que en lengua árabe significa el «Máximo»), iluminado sultán de la dinastía mogola de la India, era Muhammad Abu'l-Fath Gialal ad-din. Había nacido el 15 de octubre de 1542, pero pronto quedó huérfano, heredero con sólo 14 años de un trono en peligro. Su abuelo Bāber había iniciado la dinastía, dueña de la India septentrional y su padre, Humāyūn, que había perdido el reino, había muerto apenas iniciada su reconquista. Akbar no sólo había recuperado los territorios perdidos, sino que amplió, llevando su imperio hasta las regiones correspondientes al actual Afganistán oriental, Cachemira, Bengala y parte del Decán, llevando el imperio mogol de India a una extensión jamás después igualada.

Durante su largo reinado (1556 - 1605), fue el impulsor de reformas muy audaces para la época. Resolvió las disidencias religiosas y de raza, propugnando una original forma de sincretismo entre las diversas religiones, y reformó la economía sobre la base de la absoluta igualdad de todos los súbditos. Su fama se difundió por Occidente, donde fue conocido como el «Gran Mogol», apelativo que después se extendió a sus sucesores. Akbar fue el principal impulsor de cultura de su tiempo.

India. Tras diferentes vicisitudes, es gracias a Akbar, nieto de Bāber, que se produce la sumisión definitiva del Indostán a la dinastía mongola (1593). El intento de sincretismo religioso de Akbar fracasa, y con él el sueño de crear una civilización india que se sobrepusiese a las ya existentes. Sin embargo, con la reforma fiscal, que mitiga las condiciones de los no musulmanes, más aún, equiparándoles a ellos, Akbar fue el auténtico precursor de esa política de equilibrio que Inglaterra aplicará después y que permitirá a su imperio una vida tan duradera. A partir de Bāber, la dinastía mongola reinará sin interrupción hasta mediados del s. XIX. Una manifestación típica de esta fusión entre islamismo e indianismo se encuentra en la arquitectura y en la lengua y, además, en algunas actitudes religiosas del islamismo indio. En lo concerniente a la lengua, el proceso de sincretismo entre árabe y persa es extremadamente claro. Va desde el dúplice nombre de la misma lengua, *hindustani* o *urdu*, a la aplicación del alfabeto árabe-persa a un tipo lingüístico indio. El factor europeo ayudó a acelerar el declive del imperio mongol a partir del s. XVI. La costa de Malabar había sido alcanzada por Vasco de Gama en 1498. Él mismo, y después Almeida y Alburquerque fundaron las primeras colonias. Pero sólo con Akbar se suscita el problema de las relaciones de Europa con el Imperio del Gran Mogol. Akbar no persigue a los jesuitas ni a los franciscanos. Su hijo Selim, que le sucede en 1601, asume el nombre de Giahānghīr, que significa en persa «conquistador del mundo». Muy distinto de su padre, no se distingue por empresas militares, ni por reformas interiores. Durante su reinado, una parte del territorio le es arrebatada por el Shah de Persia, Abbās I, y numerosas revueltas, a las que no son ajenos sus hijos, turban la tranquilidad del imperio. Uno de ellos, Shāh Giahān, tras reconciliarse con él, le sucede en el trono a su muerte. Este hijo de Selim es quien devuelve al imperio mongólico de India su antiguo esplendor. Su verdadero nombre era Khurram, y Shāh Giahān (sinónimo de Shāh ´Alām) significa «rey del mundo». Su padre le había honrado con este título en 1616 en reconocimiento por sus guerras victoriosas en el Decán. Subió al trono de Agra en 1627 y pronto demostró su gran capacidad militar sometiendo, algunos reinos musulmanes, y completando con ello la conquista del Decán. Inició operaciones de guerra también en al oeste,

Página contigua: *Giahānghīr* sentado sobre una clepsidra, 1625 aprox.; Washington, Smithsonian Institution.

Derecha: el príncipe Khurram (*Shāh Giahān*), 1616-1617 aprox.; Londres, Victoria and Albert Museum.

contra Persia, donde se distingue su hijo Aurangzīb quien lo destronó en 1657 encarcelándole y usurpando su trono al año siguiente. Shāh Giahān murió en la cárcel en 1666. Su reinado ha pasado a la historia además de por el apogeo del poder político de los mogol, por el espléndido impulso conferido al arte musulmán de India. Especialmente a la arquitectura, con el célebre Tāj Mahal de Agra, erigido para su esposa Mumtāz Mahal, muerta en 1631. Giahānghīr y Shāh Giahān mantuvieron las concesiones a los portugueses. Aurangzīb, que reinó de 1659 a 1681, ostenta entre otros méritos el sometimiento del Decán y la eliminación de las dinastías locales. Pero el imperio está amenazado en el interior por los *sij* y los maratti (maratha), y en el exterior por Persia y Afganistán. Los maratti recuperan la mayor parte del Decán sustrayéndolo a la hegemonía del Islam. Mientras los persas de Nādir Shāh en 1738 y los afganos de Ahmed Durrānī en 1748 y en 1757 someten gran parte del Indostán occidental. Y la posterior liberación del dominio afgano no juega a favor del imperio mongol, sino de los *sij*, convertidos en dueños del Punjab.

Hacia mediados del s. XVIII el Nizām de la India occidental, el Rajputana, el territorio de Agra, Bengala y otros no estaban ligados al imperio mongol más que por un vínculo nominal. El vastísimo imperio mongol estaba minado, en su interior, por las tendencias autonomistas de los gobernadores de las provincias, que darían lugar a la formación de principados, de hecho independientes. Sus jefes, denominados *nuwwāb* –en árabe vicario, degenerada después en nababb-, se consideraban auténticos soberanos. Ello facilitó la penetración y el progresivo dominio de los ingleses.

Uno de los últimos emperadores de la India de la dinastía Mogol fue Shāh ʹAlām, cuyo verdadero nombre era ʹAlī Giawar.

Izquierda: el Tāj Mahal de Agra (1632-54), en Uttar Pradesh, obra maestra del arte mogol.

Página contigua, arriba: detalles del taraceado en mármoles policromos de la fachada del mausoleo de Itimad-ud-Daulah, en Agra (1626). Abajo: Alfonso de Alburquerque, 1635; París, Bibliothèque Nationale.

Subió al trono en 1759 y reinó sin ejercer autoridad personal alguna. Fue un títere, utilizado unas veces por las facciones indígenas y otras por los intereses ingleses, cada vez más invasivos. Un tratado firmado por él en 1765, concedía a la Compañía de las Indias (inglesa) el control económico en las provincias de Bengala, Bihār y Orisa; pero más tarde, apoyándose en los maratti, la compañía le retiró la asignación que hasta entonces le correspondía. A fines del s. XVIII llegó el declive extremo de la autoridad del sultán mogol, obligado a hacer frente incluso a los asaltos de los salteadores, audaces ante su debilidad, y reducido hasta el punto de tener que solicitar la ayuda de la Compañía, incluso para las exigencias elementales de su defensa personal. Shāh ´Alām murió en 1806 y con él acabó, de manera nada digna de su gran pasado, la gloriosa dinastía de los mogoles.

El colonialismo europeo

Las colonias portuguesas, fundadas a principios del s. XVI, habían tenido su centro en Goa y habían florecido especialmente con Alfonso de Alburquerque. Pero estaban situadas en la costa, y no comprendían zonas del interior. A fines del siglo XVI la presencia portuguesa en India fue sustituida por la inglesa y, en ocasiones, incluso por la francesa. En las últimas décadas de este siglo había surgido *The Governor and Company of Merchants of London trading to the East Indies*. El 31 de diciembre de 1600, ésta obtuvo el privilegio de ejercer, en régimen de monopolio, el comercio nacional entre Inglaterra y la India (exactamente en todas las tierras situadas al este del Cabo de Buena Esperanza), con facultades de jurisdicción sobre las factorías que se fundasen en dichas tierras. Era una compañía comercial monopolista con poderes soberanos, el prototipo de las compañías que promovieron con el comercio la colonización europea en tres continentes, en los ss. XVII y XVIII. En 1616 la compañía concentró su actividad en India, cuando obtuvo de Giahānghīr, Gran Mogol de Agra, la concesión para construir factorías y la posibilidad de regirse localmente con leyes propias. Éste fue el primer ejercicio legítimo de jurisdicción inglesa en India, que tenía su ori-

gen por un lado en una delegación del gobierno inglés para los británicos y por otro de una concesión del poder local que tenía por objeto el territorio propio. Actividad comercial que, de momento, se desarrollaría en competencia (armada) con la *Compañía holandesa de las Indias orientales*, y mucho más, a continuación, con la compañía francesa análoga. Las primeras factorías fueron las de Ahmedabad, Cambay y Surat. Ajena a cualquier propósito de ocupación territorial y de dominación política, la compañía inglesa se limitó a gestionar el comercio en los emporios mercantiles fortificados de la costa. Se desarrollaron, sobre todo, tres localidades: Calcuta, en 1626 pobrísima aldea del delta del Ganges, que enseguida fue un extraordinario centro comercial, Madras, en 1639, en la costa de Coromandel, y Bombay, en 1662, en la isla costera del mismo nombre. El progresivo desmembramiento del imperio del Gran Mogol, en el s. XVIII, y la lucha de los ingleses con la compañía francesa rival hacían temer la exclusión de la *Union Jack* de India. Había que cambiar de estrategia. Hacia la mitad del siglo, los franceses, partiendo de sus centros de Pondichéry, en la costa de Coromandel, y de Chandernagor, en el delta del Ganges, guiados por sus grandes gobernadores y comandantes como Dumas, Mahé de la Bourdonnais y, Giuseppe Dupleix, se habían expandido no sólo en el terreno comercial, sino también en el político y militar, en las provincias limítrofes, sustrayéndolas a la influencia británica. Ante esta situación los ingleses reaccionan transformando la Compañía, de un ente de carácter principalmente comercial a compañía de carácter esencialmente colonial, soberana de territorios cada vez más vastos. La compañía francesa había llegado a controlar un tercio de la India y a someter a su dominio directo decenas de millones de habitantes. Entretanto, la guerra europea de los Siete años (1756-1763) había sancionado la superioridad inglesa y, con la paz de París de 1763, se reconocía a Francia la posesión únicamente de cinco establecimientos, con prohibición de fortificarlos: Pondichéry, Karmal, Yanam, Mahé y Chandernagor. Los ingleses habían decidido hacer propia la política francesa, copiando programas y métodos frente a los príncipes indios y el Gran Mogol, cada vez menos representativo y con menor

autoridad. Se trataba de intervenir políticamente en las luchas intestinas entre los príncipes indios; reclutar y armar europeos, y también tropas de nativos encuadradas y mandadas por europeos; constituir delegaciones de gobierno, en representación del Gran Mogol, con poderes impositivos sobre regiones cada vez más vastas, incluido el de *devania* (derecho de recaudación de la contribución territorial), y el de leva militar por cuenta del emperador. El Gran Mogol se convertía así, a partir de la segunda mitad del s. XVIII, en pensionista de una compañía de comerciantes inglesa, mandataria de la corona británica, y delegada de la corte imperial de Delhi en el ejercicio de la soberanía sobre las poblaciones del imperio. Todo ello mientras la vastedad de los territorios dominados por la compañía hacían a la sazón improrrogable la intervención del gobierno.

Página contigua, arriba: *Giahānghīr* durante la represión de la revuelta del príncipe Khurram (*Shāh Giahān*), del Kevorkian Album, 1623 aprox.; Washington, Freer Gallery of Art, Smithsonian Institution. Centro: una nave de la flota de la Compañía Holandesa de las Indias Orientales en una pintura de 1720.

Arriba: la ciudadela de Bombay en el s. XVII.
Derecha: conversación con un oficial de la Compañía Inglesa de las Indias Orientales, 1760-1765 aprox.; colección particular.

La conquista británica

El Acta de regularización de 1773, *Acta para el establecimiento de normas para el mejor tratamiento de los asuntos de la East India Company*, marcaba la fecha de inicio de la unificación política de India. Con ella se creaba, para la presidencia de Bengala, un gobernador general, dotado de poderes sobre los gobernadores de las otras dos presidencias -hasta aquel momento independientes- de Madras y de Bombay. El gobernador general, elegido por la *Compañía de las Indias*, debía obtener la aprobación de la corona británica, que también nombraba a los jueces del tribunal supremo de Calcuta, y tenía derecho de voto en las deliberaciones de la compañía. El *Acta de Pitt* de 1784 también sancionaba, en concreto, el «doble gobierno» de India: el del estado y el de la compañía. Legislando con claridad, la corona asumía, con una serie de providencias, el control directo de la India, sustrayéndolo a

la compañía. Ésta quedaba, en esencia, reducida a una especie de departamento autónomo, encargado de la administración formal de la India, mas ya sin ninguna influencia en los asuntos políticos y militares. La corona se atribuía, entre otras cosas, el nombramiento directo del comandante en jefe de las fuerzas militares de la colonia. Maduraba así el lento proceso de transición que, dejando de lado el mezquino espíritu mercantil, imponía mayor atención a las exigencias de carácter político-militar, ya importantes, típicas de una gran potencia, como la inglesa, en su fase de máxima expansión colonial.

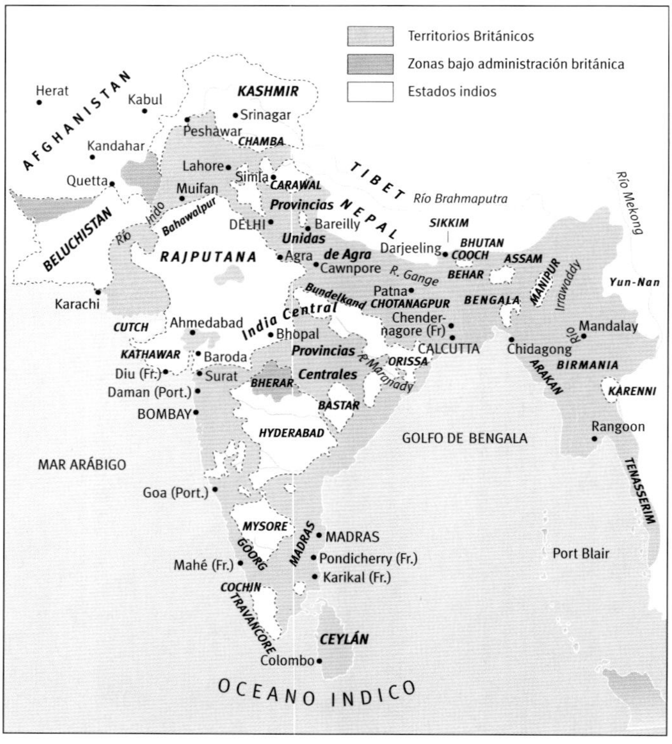

Después de Robert Clive –que venció en Plassey en 1757 al nabbab musulmán de Bengala Shugiā ʹadclawlah– y después de Warren Hastings –que en 1774 se convirtió en el primer gobernador general de India– entre fines del s. XVIII y los primeros treinta años del diecinueve se asiste a una serie casi ininterrumpida de grandes gobernadores generales, que completan la conquista del imperio del Gran Mogol, mediante una política de intervenciones, de anexiones y de guerras contra los príncipes y las poblaciones sometidas a ellos. Entre ellos lord Mornington, marqués de Wellesley, que gobernó de 1796 a 1805, y que venció a la poderosa confederación hindú de los maratti, gracias a la indudable capacidad militar de su hermano Arthur Wellesley. Después lord Amherst, gobernador entre 1823 y 1828, con quien los ingleses inician su marcha hacia la India denominada posterior, es decir hacia el poderoso imperio de Birmania, cerrado aún a la influencia europea. El reforzamiento de la presencia inglesa tuvo efectos y en 1827, en Delhi, todavía capital nominal del Gran Mogol Akbar II, la *Compañía inglesa de las Indias orientales* proclamaba su poder independiente, asumiendo, en representación de la corona británica, el título de soberana, en lugar del hasta entonces ostentado de «vicaria del Gran Mogol». Con lord Bentinck, que sucedió a lord Armherst, y que permaneció en el cargo hasta 1835, Inglaterra acomete con decisión una política de progreso civil y social en India. Por su parte, la compañía dejaba de existir como compañía comercial privilegiada, para asumir en 1833 el papel de una simple compañía financiera, para desaparecer después del todo en 1874.

Arriba: división de los territorios indios en la época de la dominación británica (1858-1947).

Página contigua: S. Scott, El muelle de las Indias Orientales en Londres, 1702 aprox.; Londres, Victoria and Albert Museum.

Con lord Auckland, sucesor de Bentinck, se abre otro periodo de guerras, a los que sigue, con lord Dalhousie como gobernador hasta 1856, la adquisición de una vasta cosecha de territorios. El objetivo era la ocupación o la defensa de la frontera noroccidental, la puerta de todas las invasiones extranjeras. Desaparecida la amenaza francesa, lo que preocupaba era la política asiática de la Rusia zarista. Rusia había llegado hasta las orillas del Sir Daryā –el antiguo Iassarte– y hacía sentir cada día su influencia sobre los estados iránicos de Persia y Afganistán. Como consecuencia, la frontera política de la India inglesa, por el oeste, se llevó, en 1843, al Sind, la región que encierra en su curso inferior la desembocadura del Indo. Mientras que la del noroeste se llevó, en 1849, a las fronteras naturales del Punjab, el «país de los cinco ríos», que domina las vías de acceso a la India para quien proceda de Asia central. Por la parte oriental, el dominio inglés, con las posteriores conquistas en detrimento del imperio birmano, en 1852 se extendía por la India posterior hasta el sur de Birmania, transformando en un lago británico el Golfo de Bengala. En el interior de la península, los territorios caían uno tras otro en manos de la compañía gracias a la deposición de los príncipes indios.

Arthur Wellesley, el conquistador

Nació en Dublín el 29 de abril de 1769 y fue un gran general y estadista inglés. Tras ser nombrado coronel, en 1796 se embarcó hacia India donde se le unieron sus hermanos Henry y Richard, este último nombrado gobernador general. Fue en febrero de 1799, en la batalla de Mallavelly, donde Arthur se distinguió contribuyendo a la derrota de Tipu Sultan, «el tigre de Mysore». Convertido en mayor-general, derrotó, en septiembre de 1803 en Asaya, y sólo con doce hombres, a cuarenta mil marati, poniendo fin a su poder. El secreto de los éxitos de Arthur radicaba en su habilidad logística; en su capacidad de organización de los carros, el transporte de las vituallas, fundamentalmente de los sacos de arroz, y en la oportunidad y rapidez para disponer embarcaciones para vadear los ríos. Todo ello acompañado de una gran energía y de un buen sentido innato. En 1805 Arthur Wellesley regresó a Inglaterra e ingresó en la Cámara de los comunes. Después luchó contra Napoleón en España en los años 1808 y 1809. Convertido en duque de Wellington, tuvo un papel decisivo el 18 de junio de 1815 en Waterloo. Dedicado después a la política, murió en Walmer Castle (Kent) el 4 de septiembre de 1851.

La revuelta de los Sepoy

El *Great Mutiny* no estalló de improviso, sino que tuvo una larga incubación. Con ese nombre ha pasado a la historia el gran motín de los *sepoy* (cipayos), las tropas nativas al servicio de los ingleses. La revuelta de las tropas bengalíes de la Compañía de las Indias estalló oficialmente el 10 de mayo de 1857 en Mirath, siendo gobernador lord Charles Canning, y el pretexto fue la distribución a las tropas del nuevo fusil Lee-Enfield, experimentado con éxito en Crimea. Los cartuchos estaban constituidos por delgados cilindros de papel que contenían la pólvora del disparo y la bala. El papel estaba muy impregnado de grasa para preservar la pólvora de la humedad. El fusil, de carga delantera, exigía que, antes de empujar con la baqueta la pólvora y la bala al fondo del cañón, se rasgase la parte final del cartucho. Y la forma más fácil era hacerlo con los dientes. Pero en enero de 1857 corrió la voz entre las tropas de que la grasa que recubría los cartuchos era grasa de cerdo o de vaca, lo que habría convertido en impuro a quienquiera que lo manipulase o se lo acercase a la boca, con la consiguiente pérdida de todos los privilegios espirituales y sociales de la Casta a que se pertenecía. La agitación comenzó a abrirse paso entre las tropas porque además, corrían insistentes rumores de que los ingleses querían convertir a la fuerza en cristianos a todos los *sepoy*. No era la primera vez en la historia colonial de India que los cipayos se amotinaban. Pero las revueltas anteriores habían sido reprimidas con puño de hierro. Los rebeldes, reducidos pronto a la impotencia, habían sido condenados a prisión e incluso a la horca y a la boca del cañón, tremendo suplicio usado ya por los

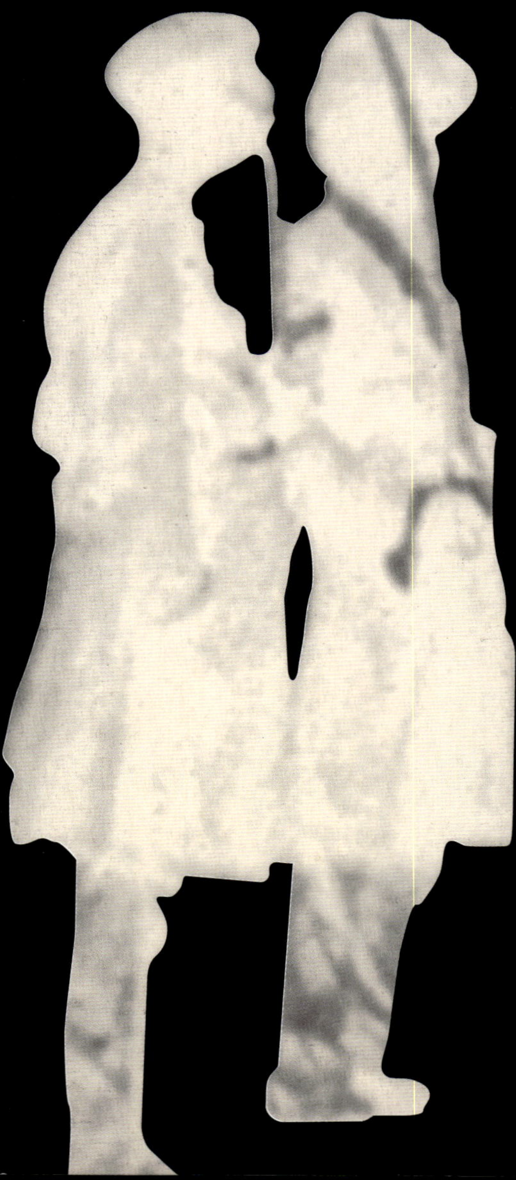

emperadores mogol. El 10 de mayo de 1857, se amotinaron dos regimientos estacionados en Mirath, una ciudad a 65 kilómetros al nordeste de Delhi. En vez de dispersarse por los campos, como esperaban odos, los rebeldes marcharon sobre Delhi, donde otras ropas, en concreto tres regimientos de caballería formados por musulmanes, entraron en abierta ebelión. Las tropas rebeldes de Mirath y Delhi se eunieron el 16 de mayo y, aprovechando la sorpresa y a superioridad numérica, masacraron a todos los europeos que encontraron, matando a los hombres y violando y matando despiadadamente a las mujeres, entre ellas, a bastantes *mensahib*, las señoras tan celebradas por la época victoriana, esposas de oficiales y funcionarios ingleses. Mientras esto ocurría, Mohammed Bahādur Shāh II, *rājā* de Delhi, proclamó a restauración del imperio mogol. La revuelta se propagó a toda la India, adquiriendo para los ingleses dimensiones dramáticas. Sólo las tropas *gurkha* y *sikh* permanecieron fieles. Los ingleses resistieron con la fuerza de la desesperación, trayendo tropas desde Persia, Ceilán y China. Mientras, la lucha asumía por ambas partes aspectos de una ferocidad sorprendente. Con los refuerzos, llegados a toda prisa y enfurecidos, los ingleses lograron circunscribir la rebelión y pusieron sitio a Delhi en julio de 1857. Hasta el 20 de septiembre no consiguieron tomarla y derrotar la revuelta. Como consecuencia, se sustrajo el gobierno del país a la Compañía de las Indias, y el 1 de noviembre de 1858 fue asumido directamente por la Corona británica. El 1 de enero de 1877 la reina Victoria se adornó con el título de *Empress of India* (Emperatriz de India).

Página contigua: la ciudad de Lucknow tras el asedio de las tropas inglesas enviadas para sofocar la revuelta de los *Sepoy* (cipayos).

Abajo: escena, nada infrecuente en la época, de ahorcamiento de rebeldes condenados por el gobierno británico.

Las repetidas anexiones, que culminaron con la deposición del *rājā* de Oudh en 1856, suscitaban el odio y el deseo de revancha de los soberanos desposeídos. Ello desembocó en la denominada revuelta de los *sepoys*, por el nombre de las tropas indígenas que la protagonizaron. En el fondo de todo estaba el odio generalizado contra el enemigo de raza, de religión, de civilización, es decir contra el conquistador occidental. El ejército regular anglo-indio estaba constituido, a mediados del s. XIX, por unos 280 000 hombres, de los que quizá sólo 6 000 oficiales y 40 000 entre suboficiales y soldados eran europeos. El resto estaba representado por nativos hindúes y musulmanes. En 1857, cien años después de la batalla de Plassey, empezó el sangriento motín del ejército de Bengala. Una leyenda profetizaba que el dominio inglés no duraría más de cien años. La rebelión del *Bengal Native Army* sólo pudo ser sofocada con gran derramamiento de sangre y con una auténtica guerra combatida. Estalló en mayo de 1857 y a fines de 1858 estaba completamente dominada. El último Gran Mogol, Bahādur Shāh II, a quien se habían referido los insurgentes, lo pagó con el exilio.

En 1858, la compañía cedía definitivamente el paso a la corona en el gobierno y la administración del país. Y la conquista inglesa de la India tuvo su confirmación definitiva con el *Bill Disraeli* «sobre títulos reales», aprobado por el parlamento inglés el 27 de abril de 1876, que proclamaba a la reina Victoria de Inglaterra «Emperatriz de la India». El imperio secular del Gran Mogol resurgía, en forma y contenidos inmensamente más vastos, en el imperio británico; más en esa fecha ya había nacido, en la península de Kathiawar, hacía algo menos de siete años, un «revolucionario» que unas décadas más tarde, y sin usar las armas, pondría fin a toda aquella grandeza. Posteriores adquisiciones de territorio en los años siguientes, motivadas por razones de seguridad, añadieron brillo al imperio. En 1879 se produce la anexión de Beluchistán, región al oeste del Sind. Y en 1885 se logra la conquista del norte de Birmania. Por último, en 1890 se impone el protectorado a Nepal, Sikkim y Bhutan, los pequeños estados de la frontera con el Himalaya. Surgía así un imperio donde, al dominio directo inglés se añadía el dominio indirecto local. El censo de 1921 establecía que el 40%

del territorio y el 22% de la población quedaban en la esfera del dominio indirecto, el que era competencia de los príncipes indios.

Ni el paso de India al gobierno directo de Inglaterra en 1858 ni la proclamación del imperio en 1876 cambiaron radicalmente el orden político -constitucional del país. Durante la revuelta de los *sepoys*, Inglaterra había madurado una experiencia iluminadora: había comprendido el papel decisivo desarrollado por los estados protegidos por los nativos, para no sacar enseñanzas válidas para el futuro. Lejos de perseguir su desaparición, desde aquel momento cuidó celosamente su supervivencia y consolidación. Llegó incluso, en 1881, a restituir el enorme territorio de Mysore al hijo adoptivo del *rājā*, depuesto hacía medio siglo. Hizo de los estados indígenas protegidos la piedra angular de su dominio, y sólo en 1921, después de la «Gran guerra», realizó una pequeña modificación al crear la Cámara de los príncipes, órgano consultivo del Virrey.

En cuanto a la India inglesa, el paso del gobierno indirecto al directo de Inglaterra no hizo, en un primer momento, más que encuadrar en el organismo imperial los órganos del gobierno y de la administración india preexistentes. El gobierno central

de la inmensa colonia-imperio permaneció confiado al gobernador general, que había asumido el título de Virrey, y los gobiernos locales de las provincias a los gobernadores provinciales. Las poblaciones indias empezaron a ser llamadas a decidir sobre la vida administrativa del país en 1892. Con el nuevo *Indian Council Act* se aseguraba al elemento indio, aunque nombrado por el gobierno, y no de elección popular directa, una mayor participación en la vida política del imperio.

Ésta era la India que el tumultuoso curso de la historia y de la colonización europea, especialmente la británica, entregaban a principios del s. XX, al apostolado y a la singular acción política de un hombre pequeño, cuya delgada apariencia ocultaba en realidad una voluntad indomable: Mohandās Karamchand Gāndhī.

Página contigua: la abierta hostilidad provocada por la Compañía de las Indias Orientales por todas partes queda bien expresada por este tigre que se abalanza sobre un oficial inglés.

Izquierda: un depósito de material bélico inglés en el patio del Fuerte Rojo de Agra en los años 1862-65. Arriba: festejos en Londres con motivo del sesenta aniversario de la reina Victoria.

La vida del Mahātmā

Gāndhī practicó la no-violencia como regla de vida. Evocando su extraordinaria experiencia, escribió: «Una campaña no violenta provoca, por lo general, cinco reacciones: la indiferencia, el ridículo, el insulto, la represión y el respeto. Para llegar al quinto punto, a veces hace falta mucho tiempo».

Un futuro de burgués acomodado

A fines del s. XIX, India estaba dividida en centenares de pequeños estados, tributarios del imperio británico, un territorio inmenso que comprendía también Beluchistán, Cachemira y Birmania. Con una superficie de 4 675 000 kilómetros cuadrados, tenía una población que, según el censo de 1921, era ya de más de 316 millones. El Primer ministro, por derecho hereditario (*diwān*) de una de aquellas pequeñas entidades, en la península de Kathiawar, al noroeste de Bombay, era Kabā Gāndhī, comprometido en política por tradición familiar y por extracción social. Pertenecía a los *baniyā*, la casta de los comerciantes, y vivía en la capital, Porbandar, junto al mar en una señorial casa de mármol. De su última mujer había tenido cuatro hijos, una niña y tres varones. Mohandās Karamchand Gāndhī era el menor de éstos, nacido el 2 de octubre de 1869.

Las rígidas tradiciones familiares y sociales habían impuesto al joven, de natural reflexivo aunque también rebelde, una camisa de fuerza a la que no se había podido sustraer. Siguiendo las costumbres locales, había sido varias veces prometido-niño y, finalmente, esposo forzoso con sólo trece años. Más que al padre, «Mohan» –como le llamaban en familia– se parecía a la madre Putlibai, cuya religiosidad y frecuentes ayunos quedaron grabados en la memoria del niño. De carácter tímido e introvertido, amaba la lectura de los textos sagrados, y las vicisitudes de Hariscandra, que renunció al reino por la búsqueda de la verdad y realizó los oficios más humildes, le conmovían hasta las lágrimas. En las escuelas de Rajkot, adonde se había trasladado la familia, no fue particularmente brillante. Como todos los niños, se impacientaba frente a la autoridad paterna y buscaba mediante formas de rebelión encontrar el camino idóneo para afirmar su personalidad. En Rajkot había una buena representación de seguidores del jainismo, y el amor por toda

Gāndhī retratado junto a su esposa, Kasturba, casi su coetánea, en una fotografía de 1922.

forma de vida que caracteriza a esta fe tuvo una profunda influencia sobre el joven Mohandās.

Acabados los estudios medios, a los 18 años fue enviado al Samaldas College de Bhaunagar. Pero el escaso conocimiento del inglés le obligó a renunciar después de un año. Aprender bien la lengua era una necesidad para quien estaba destinado –por tradición familiar– a una carrera brillante.

Gāndhī con el bastón de las marchas y la túnica blanca del satyāgrahī, en la última época sudafricana.

A Londres para hacerse abogado

El padre de Gāndhī había muerto cuando tenía sólo dieciséis años. A la sazón, el cabeza de familia era el tío, quien tenía la facultad de conceder la autorización para el viaje de estudios a Inglaterra. «Mohan» había decidido hacerse abogado y perfeccionar el inglés. La justicia en India era administrada en gran parte según las leyes inglesas; los tribunales eran ingleses, como lo eran todos los procedimientos judiciales. Aquella era completamente ajena a la población y, por ese motivo, fueron precisamente los abogados indios los que se hallaron en condiciones de representarla, trámite natural entre el gobierno extranjero y los habitantes del lugar. De esta categoría profesional, la primera en constituirse en India y la primera en disipar la convicción de la inadecuación de la clase local culta, surgirían los dirigentes más conocidos del independentismo indio: desde el propio Gāndhī a Jinnah, para los musulmanes, y a Nehru.

Página contigua: soldados ingleses en Delhi hacia la segunda mitad del s. XIX.

Arriba: florista en una calle de Londres a fines del s. XIX.

El tío del joven dudaba de que se pudiese vivir en Inglaterra sin perjudicar la fe hinduista. A propósito de sus convicciones religiosas, el joven Mohandās había tenido ya más de una duda. Empujado por un amigo, le había sucedido infringir una prohibición de casta: la de alimentarse con carne. Y la había comido al menos media docena de veces, para arrepentirse después y llegar al borde del suicidio, con motivo de la consiguiente crisis religiosa. Para permitirle el viaje a Inglaterra, su madre había resuelto pedirle, mediante juramento solemne –que prestaría ante Becharji Swami, monje jainita conocido de la familia– cumplir los tres votos irrenunciables: no beber vino, no comer carne y no tocar mujer. Comprometido con dicho deber, «Mohan» parte para Londres en 1888. Pero no había obtenido el visto bueno de los representantes de casta, irreductiblemente contrarios al viaje. Ningún *modh baniyā* había ido nunca al extranjero hasta entonces, y no sólo Gāndhī fue declarado descastado, sino que se llegó incluso a establecer que quien lo ayudase debería pagar una multa muy alta en dinero. Su mujer, Kasturba, se quedó en Rajkot, con Hariral, el hijo nacido hacía unos meses. Gāndhī había tenido con ella otro hijo a los dieciséis años, pero había muerto en pañales. De carácter nada sumiso, pero fiel, Kasturba le dará otros cuatro hijos y permanecerá siempre a su lado, con valor, en todas las vicisitudes. «Ha sido mi mujer quien me ha enseñado la no-violencia –declarará Gāndhī años después– cuando he intentado plegarla a mi voluntad».

Llegado a Inglaterra, el aspirante a abogado se las ingenia para convertirse en un perfecto *gentleman* anglosajón, pero pronto se da cuenta de lo absurdo del propósito y, en contacto con la cultura británica, acaba por redescubrir y apreciar cada vez más el significado y el valor de la de su país. En Londres Mohandās se matricula en la facultad de derecho. Estudia con provecho hasta aprobar los exámenes de ingreso en el foro inglés. Permanece en Inglaterra dos años y ocho meses y, en ese periodo, profundiza en el estudio del saber europeo. Se acerca al cristianismo y, respetando sus costumbres hindúes, toma contacto con la Sociedad teosófica y con la Sociedad vegetariana de Londres.

Albert Szent-Györgyi

«Y entonces llegó Gāndhī y, casi solo, expulsó de su País a la mayor potencia militar del mundo. Gāndhī le enseñó al mundo que hay cosas más grandes que la fuerza, más grandes que la propia vida; él demostró que la fuerza había perdido su poder de sugestión»

Albert Szent-Györgyi,
premio Nobel de medicina 1937

Anni Besant, una de las principales exponentes de la teosofía inglesa, conoce a Gāndhī en ese periodo y después tendrá un papel de primer plano en el movimiento independentista indio. En Inglaterra, el estudiante lee por primera vez completo el *Bhagavadgītā* en inglés, en la versión de sir Erwin Arnold, y *The Light of Asia (La luz de Asia)* del mismo autor. Estos dos textos, junto al *Sermón de la montaña* de Jesucristo, serán el fundamento de toda la experiencia religiosa gandhiana. La crisis de ateísmo que lo había turbado, hacia los dieciséis años, es un recuerdo lejano.

Lograda la licenciatura, el joven hombre de leyes se embarca para volver inmediatamente a India, donde esperaba abrir un gabinete jurídico en Rajkot. Por su hermano que había venido a buscarle a Bombay, sabe de la muerte de su madre, ocurrida mientras estaba en Londres. El gabinete de Rajkot no le produce lo suficiente para devolver a los hermanos los préstamos que financiaron sus estudios londinenses, por lo que se traslada a Bombay, para profundizar en el estudio del derecho indio, que conoce menos que el inglés. En la gran ciudad traba amistad con el poeta Raychandbhai que, junto al novelista ruso Tolstoi y al inglés John Ruskin, crítico de arte y que propugna tenazmente mejores condiciones de vida para los obreros, serán, según confiesa, las personas que más le influyeron en la vida. Pero tampoco en Bombay consigue Gāndhī ganar suficiente, por lo que vuelve a Rajkot donde, gracias a su óptimo conocimiento del inglés, se ocupa en la redacción de instancias para la administración pública. Pero sucede un incidente que marca un hito en su vida. Para defender a su hermano de una acusación considerada injusta, va a hablar ante el tribunal con un funcionario inglés -a quien, además, había conocido en Inglaterra-, pero este le echa del despacho con malos modos, con motivo de su insistencia. Es el primer desengaño de Gāndhī respecto de la administración británica, y la humillación sufrida en primera persona le da un elemento de reflexión para comprender qué es en realidad el colonialismo. Ahí comienza un largo camino que le llevará muy lejos en el terreno del conocimiento político y en el de las opciones que tomar. Decidido a citar a juicio al funcionario, le fue desaconsejado por temor a lo peor. De hecho, el funcionario también es presidente del tribunal local, y Gāndhī entiende pronto que sus posibilidades de trabajo en Rajkot, tras lo sucedido, se han reducido al mínimo. Decide intentar suerte en Sudáfrica, contratándose con una empresa de Porbandar que le ha ofrecido seguir allí una causa complicada, bajo el punto de vista jurídico.

Página contigua: un vendedor de fruta de Londres en los primeros años del s. xx.

Abajo: John Ruskin (en el centro) bajo el brazo del pintor Dante Gabriel Rossetti.

Gāndhī fotografiado en 1893, poco después de su llegada a Sudáfrica, ataviado de joven abogado.

Hombre de leyes en Pretoria y camillero en el frente

La llegada a Durban, en Natal, en mayo de 1893 es fundamental para la definitiva toma de conciencia de Gāndhī sobre la dimensión del problema racial. Tras comprar un billete de primera clase para trasladarse a Transvaal, es arrojado sin miramientos fuera del compartimento con el motivo de que, en primera, sólo pueden viajar los blancos. Antes de llegar a Pretoria, Gāndhī decide hacer una parada en Johannesburgo, donde se ve rechazado, por el mismo motivo, del hotel donde había de pernoctar. Son inútiles las protestas verbales, los telegramas, las cartas indignadas que el abogado escribe a las autoridades más diversas. Ésta es la realidad de Sudáfrica y Gāndhī pronto se dará cuenta de las condiciones de inferioridad en que se ven obligados a vivir los inmigrados indios, los *coolies*, como les llaman con desprecio no sólo los ingleses sino también los boer, los descendientes de los colonos holandeses, que frente a sus connacionales se comportan del mismo modo si no peor. En Pretoria, Gāndhī se da a conocer como abogado y acaba por convertirse en portavoz de los derechos civiles de unos 150 000 inmigrados indios.

Agotada la tarea que se le había encomendado en Sudáfrica, Gāndhī se dispone a regresar a India. Pero la decisión del consejo legislativo de Natal, provincia británica, de privar a los inmigrados del derecho al voto lo deciden a retrasar un mes su vuelta. Ese mes se convertirá en varios años, y la elección de permanecer marcará el inicio de la actividad política de Gāndhī por la independencia de la India. Lord Ripon, ministro de las Colonias en el gobierno de Londres, en tiempos del liberal Gladstone, no convalida la decisión de Durban, lo que permite al convencido enemigo de cualquier discriminación racial (gracias al apoyo de Dadabhai Naoroji, el primer indio en sentarse en el parlamento británico en representación de ciudadanos ingleses) transformar un limitado problema local de Natal en un caso internacional, proporcionándole gran resonancia. Mientras, el abogado nativo del Gujarāt alimenta su búsqueda religiosa leyendo mucho, para alimentar su necesidad espiritual. Tolstoi le sigue fascinando. Se conmueve leyendo el libro *El reino de Dios está dentro de nosotros*, y devora con pasión todas las demás obras del gran narrador ruso.

Cuando a mediados de 1896 Gāndhī regresa a India para unos meses, ya es un personaje conocido. Apoyado en la reciente experiencia africana, empieza en su país una campaña a favor de los derechos de los trabajadores extranjeros en Sudáfrica. Imprime el «Opúsculo verde», un *pamphlet* llamado así por el color de la cubierta, que tiene mucho éxito y se distribuye en numerosas copias. Se titula *The grievances of the British Indians in South Africa (Los agravios de los indios británicos en Sudáfrica)*, y es una requisitoria contra la discriminación y los malos tratos a que son sometidos los trabajadores indios en Natal.

A fines de 1896 se apresta para volver a aquel país, llevándose esta vez a la familia: la mujer, dos hijos -el segundo había nacido en 1892- y un sobrino que había quedado huérfano. Pero en Natal, la situación del conflicto racial estaba degenerando. Como consecuencia del continuo flujo de inmigrantes procedentes de India, habían surgido asociaciones que pedían su inmediata expulsión o, por lo menos, que su presencia fuese sujeta a término. Gāndhī está embarcado en una nave que transporta al menos 800 inmigrantes. En Natal ha corrido la voz de que el agitador está de regreso, escoltado por una fuerza india, para invadir el país. Las naves, llegadas a Durban el 18 de diciembre de 1896, son puestas en cuarentena, y Gāndhī sólo puede desembarcar a los 23 días de su llegada. Pero en el momento del desembarco casi es linchado por la población enfurecida, y logra escapar al asedio gracias a una estratagema del responsable de la policía local. Chamberlain, Secretario de Estado para las Colonias, ordena desde Londres a las autoridades de Natal que castiguen a los responsables. Pero Gāndhī, demostrando gran inteligencia política, se había guardado bien de denunciar lo sucedido; ello contribuyó a reforzar su prestigio y el de toda la comunidad india de Natal.

Pero un hecho nuevo iba a poner sordina al problema. Gran Bretaña intenta adueñarse de la repú-

Gāndhī retratado frente a su gabinete jurídico en Johannesburg, en Sudáfrica, en 1905.

blica boer de Transvaal y esa voluntad expansionista es el origen de la guerra que, de 1899 a 1902, ensangrienta Natal, Transvaal y Orange. La guerra estalla el 12 de octubre de 1899 y, tras iniciales éxitos de los boers, acaba en septiembre de 1900 tras la contraofensiva inglesa. Mas, debido a una tenaz acción de guerrilla, realizada por los colonos de sangre holandesa, se alargará hasta 1902. El rebelde Gāndhī, que simpatizaba con los boers, se comportó con gran lealtad frente a los ingleses. Fiel al principio de que quien alega derechos debe, en primer lugar, aceptar también, y sobre todo, deberes, organizó la inscripción de 1100 *coolies* voluntarios que, en el momento de mayor peligro para Durban, fueron empleados por los ingleses en las tareas de sanidad, trasladando heridos. Él mismo actuó en el frente, seis semanas como camillero, mereciendo el respeto y la gratitud de los ingleses y logrando, como reconocimiento, una condecoración al mérito.

Fundación del «Indian Opinion»

Mientras los boers resistían aún a los ingleses con la guerrilla en el Transvaal, Gāndhī había vuelto a India en 1901, convencido de que los indios de Sudáfrica habían ganado la batalla por sus derechos civiles. Pero pronto noticias decepcionantes habían de convencerlo de la necesidad de volver a Sudáfrica, lo que haría al año siguiente aprovechando la vuelta, para dirigir la delegación encargada de exponer el punto de vista indio a Joseph Chamberlain, ministro de las Colonias del gobierno de Londres, en visita oficial. En 1903, tras la definitiva derrota de los boers, Gāndhī se traslada a Johannesburgo, en Transvaal, recién sometido por la fuerza al dominio británico. Ya es un abogado de

Abajo: Winston Churchill habla en Durban, durante la guerra anglo-boer, en 1899.

Página contigua: policías negros en Sudáfrica a fines del s. XIX.

prestigio, y en su gabinete situado en la ciudad, llega incluso a tener personal blanco dependiente de él, cosa absolutamente impensable en la época. Considerado el *leader* indiscutible de los indios de Sudáfrica, empieza a tejer relaciones con los representantes del movimiento nacional indio en la madre patria, entre ellos Gopal Krishna Gokhale, un profesor universitario que influiría mucho en su pensamiento.

Gāndhī en una foto de principios del s. XX, en la época de la guerra anglo-boer.

Convencido de que la independencia india sólo podría llegar a través de la lenta maduración del pueblo, que sólo la merecería una vez convenciese a los ingleses de la ineluctabilidad y la justicia de la medida, Gokhale solía decir: «Los medios de nuestra lucha deben ser tan nobles como el fin». La amistad de Gāndhī con el docente duró hasta la muerte de éste, ocurrida en 1915.

En junio de 1903, con la intención de crear un instrumento para difundir los programas de autonomía y agitar las ideas de independencia y de redención, Gāndhī funda en Durban el periódico «Indian Opinion». La lectura de las obras de John Ruskin y la reflexión sobre sus contenidos, con la explicitación de algunos ejemplos sociales, en defensa y tutela de las víctimas de la revolución industrial, y con la exaltación del trabajo manual, le empujan a una iniciativa singular: la fundación, en Phoenix, en las cercanías de Durban, de una colonia agrícola, con la adquisición de una granja y una parcela de terreno donde, trasladando también la imprenta y la redacción del periódico, intenta un experimento de vida comunitaria. La lectura de *Unto this last (Hasta el final)* de Ruskin le empujó a «transformar su vida». Como escribirá más tarde en su *Autobiografía*– «... en ese gran libro estaban reflejadas algunas de mis convicciones más profundas. Así se explica mi entusiasmo

por esta obra de la que quedé como prisionero». Para fundar Phoenix, Gāndhī renunció a su profesión, que le producía de cinco a seis mil libras esterlinas al año, y no sólo pidió cultivar personalmente su pedazo de tierra, sino que exigió el privilegio de los trabajos más humildes y gravosos. En esta fase comenzó con la experiencia del ayuno como medio de purificación.

Pero Gāndhī siguió viviendo en Johannesburgo, desde donde dirigía el periódico. Cuando se declaró en la ciudad una epidemia de peste, abandonó todo compromiso político y profesional y se dedicó a organizar un lazareto para los contagiados del barrio indio. En 1906 estalló la revuelta de los zulúes, y Gāndhī, siempre leal respecto al imperio británico, del que se consideraba parte integrante como ciudadano de Natal, organizó un grupo de voluntarios indios para operar en el sector sanitario. Cuando llegó al lugar, descubrió que no había tal revuelta, sino el intento de los ingleses de imponer nuevos impuestos a los zulúes. El objeto de las tasas era obligar a los zulúes a trabajar en las nuevas plantaciones de los blancos, porque sólo así podían ganar el dinero que les había de servir para pagar los nuevos impuestos. En realidad, la denominada revuelta de los zulúes no era más que un episodio aislado, oportunamente hinchado y dramatizado por la propaganda: un recaudador británico, encargado de exigir el nuevo impuesto, acabó atravesado por la lanza de un jefe zulú que no quería ni oír hablar de semejante novedad.

Es en esta fase cuando Gāndhī elaboró la idea de *satyāgraha* (perseverancia en la verdad), que sería el elemento fundacional de todo su apostolado futuro. La resistencia no violenta, que permite oponerse a la ley, considerada injusta, aceptando sin reaccionar la sanción establecida por no respetarla, obliga a la autoridad de quien emana la ley misma a llevar la medida injusta hasta sus últimas consecuencias, haciendo su insostenibilidad evidente a todos.

SATYĀGRAHA CONTRA LA «LEY ASIÁTICA»

A pesar de su interés por los jóvenes, Gāndhī no poseía grandes capacidades pedagógicas y los primeros afectados eran los muchachos de la granja Phoenix, incluidos sus hijos. Quizás ello fuese consecuencia de la rígida educación recibida en su infancia, que le impedía entender en profundidad el espíritu de independencia de los jóvenes, y a tener una actitud excesivamente ligada a las tradiciones. No hay que olvidar, por ejemplo, que Gāndhī, aun deseoso de la independencia política de su país, siempre se había mostrado prudente sobre el problema de la estratificación en castas de la sociedad india, y nunca había emitido un juicio claro de condena a ese propósito.

En 1906, Gāndhī tiene casi treinta y siete años y en junio cumple el voto hindú de castidad que preparaba desde hacía tiempo. Es una decisión importante porque tiene consecuencias familiares: de hecho, Gāndhī está casado con Kasturba. La decisión se toma tras discutir con los parientes y amigos de la comunidad, mas no con la mujer, lo que es indicio de cómo, a pesar de todo, el creador de Phoenix estaba aún ligado a la tradición que consideraba a la mujer como un ser a quien sólo había que dar órdenes y ninguna explicación. La mujer lo aceptó pasivamente, aunque en un primer momento sospechó que el voto sólo fuese respecto de ella y no de las demás mujeres. Pero después, su marido logró convencerla de la lealtad de su propuesta y de la necesidad de una decisión semejante, indispensable

Página contigua: danza de guerra zulú en la región sudafricana de Natal.

Arriba: hombres y carruajes en una calle de Johannesburgo a principios del s. XX. Izquierda: una plaza de la ciudad.

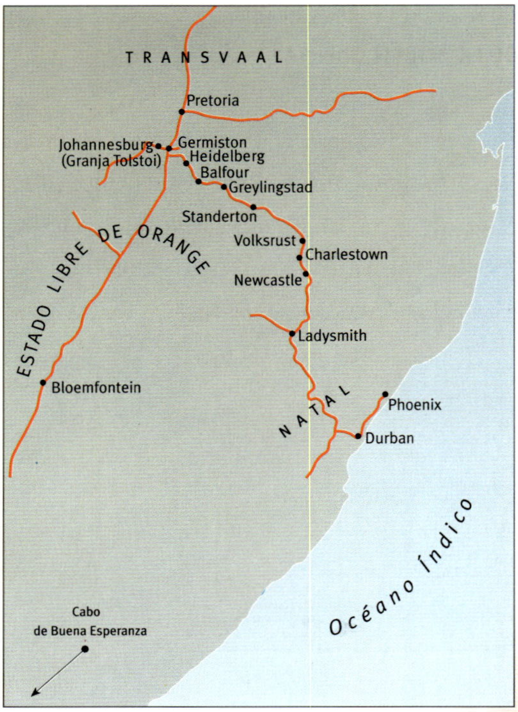

para el buen resultado del experimento comunitario de Phoenix. El hinduismo atribuye gran significado al *brahmācārya*, el voto de castidad.

1906 es un año significativo para Gāndhī, porque el 11 de septiembre, durante una gran manifestación en el *Empire Theatre* de Johannesburgo, pudo explicar, por primera vez en público, el concepto de *satyāgraha*, invitando al tiempo a practicarlo contra una iniciativa del gobierno de Transvaal, considerada lesiva contra la dignidad de los trabajadores indios. Sucedió que el gobierno local, decidido a someter a control a los inmigrantes asiáticos, había dispuesto su inscripción en listas, y previsto la distribución de una especie de carnet de identidad. Teniendo en cuenta que en los países anglosajones el carnet de identidad es rechazado, por considerarse lesivo a la dignidad de los ciudadanos, Gāndhī y los indios consideraban aquella iniciativa del gobierno un torpe intento de discriminación hacia ellos y un ataque a los derechos civiles de los inmigrados. Al final de la guerra anglo-boer, Transvaal se había convertido en colonia inglesa. Hacía, pues, falta la sanción británica para hacer eficaces sus leyes. Gāndhī se había desplazado a Londres para negociar con el gobierno la retirada de la odiada medida. Pero su intento fue infructuoso.

En 1907 las condiciones políticas para la puesta en práctica de la *satyāgraha* parecían maduras. Gāndhī incita a los indios a no presentarse al registro y, si es necesario, hacerse arrestar. Al mismo tiempo, dispone que sean protegidos, mediante piquetes no violentos, los que deseen respetar la ley. Sólo el 5% de los sujetos obligados al registro se censa. Los demás optan por la desobediencia civil, siguiendo el ejemplo de su líder. Éste es arrestado y condenado a dos meses de cárcel, junto a otros numerosos desobedientes. Ante esta actitud de rebelión, el general inglés Jan Smuts toma la iniciativa de entrevistarse con el organizador. Durante una conversación secreta, ambos llegan a un acuerdo. Los indios irán a registrarse por iniciativa propia, una vez que el gobierno revoque la medida. Gāndhī logra convencer a quienes le apoyan de la utilidad del acuerdo, y éstos, tras salir de la cárcel, van espontáneamente a la oficina de registro; mas los ingleses incumplen el pacto y, con distintos pretextos, retrasan la revocación de la medida. Gāndhī es acusado por sus detractores de ingenuidad y, como compensación por su compromiso en la negociación, se gana un fuerte bastonazo en la cabeza por parte de un hindú, fuera de sí por la decepción sufrida. En respuesta a la ambigua actitud dilatoria inglesa, Gāndhī sugiere otras formas de lucha. Incita a sus compañeros a circular sin carnet de identidad, para obligar a los ingleses a arrestarlos en masa, colmando las cárceles. Y cuando está claro que Smuts no tiene intención de retirar la medida, una asamblea de tres mil manifestantes quema en público, en agosto de 1908, frente a la mezquita de Johannesburgo, los documentos de registro.

Gāndhī había perdido la primera prueba en la lucha emprendida con el instrumento del *satyāgraha.* Pero había hecho indiscutibles progresos en el terreno del consenso y la difusión de sus principios. Ahora todos sabían quien era Gāndhī, no sólo en la colonia sino también en Inglaterra. Y su nombre cada vez se pronunciaba con mayor frecuencia en el seno del *Congreso nacional indio*, el partido político que, en India, desde su fundación en 1885 en Bombay, encauzaba de forma orgánica la opinión pública indígena. Gokhale, su *leader*, consideraba inproductivo emprender un movimiento de lucha fuera de India. Mas, tras el clamoroso desarrollo de los acontecimientos de Transvaal, tuvo que rendirse y siguió atentamente desde entonces la actividad de su compatriota comprometido en Sudáfrica.

Página contigua: el itinerario de Gāndhī en Sudáfrica. Abajo: L. N. Tolstoi, con quien Gāndhī mantuvo correspondencia.

Derecha: paisaje de la región oriental del Transvaal en los años veinte del s. XX.

Encarcelado en vísperas de la «Gran guerra»

El ejemplo de Phoenix, la comunidad surgida en Natal, no quedó aislado. En mayo de 1910, en la estela de dicha experiencia, Gāndhī fundó en Trasvaal, cerca de Johannesburgo, una nueva comunidad: La *Tolstoi Farm*, base de partida para

la actividad en aquel país. En ella habita una media de varias decenas de personas en régimen de total comunión de bienes y que llevan una vida de comunidad. La granja, cedida en uso a título gratuito por un amigo, tomó el nombre del novelista ruso porque Gāndhī era un sincero admirador de Tolstoi, hasta el punto de necesitar tomar contacto directo con él. El asceta había iniciado en 1909 una correspondencia con el escritor de Jasnaja Poljana, pero su idea de la no-violencia no coincidía -pronto lo supo- con la del ruso. A Tolstoi le había movido una revuelta religiosa de su conciencia, y lo que empujó a Gāndhī a la acción había sido una revuelta política. Además, las ideas de ambos sobre el concepto de Estado y de gobierno no coincidían, pues Gāndhī, a diferencia del escritor, creía en el valor del Estado.

En Tolstoi, la no-violencia era un fin en sí misma mientras que para Gāndhī era un método práctico de lucha.

Mientras tanto, grandes novedades maduraban en el terreno jurídico y político general. Acabada la fase reorganizativa, que siguió al final de la guerra anglo-boer, se había proclamado oficialmente en 1910 la Unión Sudafricana, que incluía, bajo la soberanía británica, Orange, Cabo, Natal y Transvaal. El gobierno local no había renunciado a afrontar con decisión a los flujos migratorios hacia Sudáfrica, especialmente los procedentes de India. Para desalentar iniciativas similares, no dudaba en hacer más problemática la vida de los ya llegados. Claro ejemplo de ello era la tasa de tres libras esterlinas por persona y año impuesta a quien, al término del contrato quinquenal, desease permanecer en el país como trabajador libre. Era un modo de obligar a los inmigrados a elegir entre la repatriación y la explotación de por vida. Las promesas hechas a Gokhale en 1912 con ocasión de su visita a Sudáfrica, no se habían mantenido, y las autoridades locales no habían hecho nada por modificar el régimen de discriminación racial en vigor.

En marzo de 1913, el gobierno sudafricano presentó al Parlamento una nueva ley en la que se decía que, para obtener el visado de entrada, el solicitante debía conocer al menos una lengua europea «a elección del funcionario». Además, el 14 de marzo de 1913, el Tribunal Supremo de Sudáfrica declaró nulos todos los matrimonios no cristianos, convirtiendo en concubinas a todas las mujeres casadas por los ritos hindúes o musulmanes, y en ilegítimos a todos sus hijos. Materia suficiente para que Gāndhī pudiese inaugurar una de las temporadas de lucha más significativas de su permanencia en Sudáfrica.

La ley para inmigrantes «políglotas» entró en vigor en agosto de 1913. Gāndhī inicia la nueva campaña

satyāgraha el siguiente 13 de septiembre. Las decisiones gubernativas habían empujado a las posiciones de Gāndhī a los trabajadores manuales, especialmente a los mineros y a las mujeres. Una masiva huelga de mineros sacudió al país, mientras casi 6 000 indios se dirigía de Natal a Transvaal con la intención de violar la ley de pasaportes interiores. Las autoridades arrestan a quienes crucen ilegalmente la frontera, pero el arrestado, al no poder volver al trabajo, acaba por perjudicar la economía del país. Se establece entonces que la minería debe considerarse una sede separada de la cárcel, pero la oposición de los mineros lleva al fracaso de la maniobra. Gāndhī también es arrestado y condenado a quince meses de reclusión, que no cumplirá tras ser excarcelado casi inmediatamente; pero la noticia de la huelga ya ha dado la vuelta al mundo. El gobierno de Londres, temiendo las repercusiones en India, presiona para la resolución de la desavenencia, e incluso Gāndhī, cuya opción táctica será siempre la de los pasos pequeños, es decir, vencer pero no aniquilar, se las arregla para que las huelgas no se extiendan a toda Sudáfrica. Él no pretende apoyar iniciativas de lucha surgidas mientras tanto por obra de personal europeo, y con fines políticos diferentes. Ello le vale la gratitud de Londres y la promesa de que, en 1914, gran parte de las normas discriminatorias serían abolidas. Es el primer éxito significativo de Gāndhī, que recibe desde Londres la felicitación de Gokhale, y la invitación a reunirse con él allí. Tras responder afirmativamente a la llamada, Gāndhī zarpa para Inglaterra, mas cuando desembarca el 6 de agosto de 1914, la guerra hace dos días que ha estallado.

Página contigua: trabajadores zulúes desgranando maíz en una granja de Natal.

Arriba: Rabindranath Tagore, a quien Gāndhī debe el apelativo de *Mahātmā*.

Pausa de reflexión mientras Europa arde

Contagiado por el clima dramático de movilización general, Gāndhī se compromete en la organización de un cuerpo de voluntarios indios que se unirán a los ingleses en las tareas de sanidad. En India, muchos no piensan del mismo modo. Hay quien, por el contrario, considera que ha llegado el momento de dar la espalda decisiva a los ingleses y encaminarse rápido a la independencia. Gāndhī no es de ese parecer, y su lealtad frente al gobierno inglés, que considera su gobierno legítimo, estará a la altura. Está convencido de que, a pesar de tantas contradicciones, la dominación inglesa desarrolla un papel histórico positivo respecto a India: el de llevarla gradualmente a un nivel de preparación tal que haga del logro de la independencia un hecho inevitable, totalmente normal. A quien le protesta la actitud incoherente de no-violencia profesada y adhesión a la guerra, aun mitigada por la participación en tareas de sanidad, Gāndhī responde que hay que ejercer siempre la compasión, que si bien no evita la violencia la mitiga en parte, y encuentra en ello su razón de ser.

El clima frío de Inglaterra hace que Gāndhī enferme de pleuresía y hace necesaria su rápida vuelta a India. El asceta llega a Bombay el 9 de enero de 1915. Al saber que ha vuelto, el poeta Tagore comienza a hablar de él como el *Mahātmā* Gāndhī, apelativo que usa en la correspondencia que le dirige al objeto de conocerle. *Mahātmā* significa «Alma Grande», de *Maha*, grande y *Atma*, alma. El término se encuentra en los *Upaniśad* e indica el «Ser Supremo» y quienes se le unen, en comunión de conocimiento y de amor. Rabindranath Tagore es uno de los más grandes poetas indios, distinguido en 1913 con el premio Nobel de literatura. Cumpliendo un vivo deseo, visitó a Gāndhī por primera vez en marzo de 1915. El defensor de los marginados ya había sido llamado con un apelativo similar por un simpatizante en Sudáfrica. Pero es Tagore quien lo amplifica, lo hace de dominio público y con su indiscutible autoridad lo impone, inaugurando así el mito.

De nuevo en India, Gāndhī no olvida las experiencias comunitarias iniciadas en Sudáfrica, en Durban y Johannesburgo. En Sabarmati, localidad del Gujarāt , en la península de Kathiawar, su tierra natal, funda, gracias a una suma que Gokhale pone a su disposición, un nuevo *āśram* (comunidad) para sus familiares y sus seguidores más convencidos. En 1915 muere Gokhale, con sólo cuarenta y nueve años, mientras que un bramino de Poona, Bal Gangadhar Tilak, *leader* del ala izquierda del partido, encarcelado hasta entonces por los ingleses, vuelve al Congreso.

Pier Paolo Pasolini

«La no-violencia es la cumbre ideal de una concepción racional de la realidad. Si, en la práctica, toda forma de pensamiento necesita de una manifestación concreta basada en el sentimiento y la persuasión, la no-violencia es la actitud sentimental y persuasiva de quien se halla totalmente «liberado» a través de los instrumentos de la razón y de la cultura».

Pier Paolo Pasolini,

"Vie Nuove", 4 de enero de 1962

Un mercado y una mezquita de Bagdad, conquistada por los ingleses, en 1917, gracias al concurso de tropas indias.

En 1917 la izquierda asume el pleno control del partido y, con el pacto de Lucknow, estrecha una alianza con la *Liga musulmana* de Mohammed Ali Jinnah, que representa la minoría islámica en India, muy amplia, casi un cuarto de la población del país. Gāndhī y el Congreso alimentan desconfianza mutua y no se entienden entre sí. Por otra parte, Gokhale y Tilak representan dos tendencias opuestas. El primero, la exigencia de las reformas graduales y la racionalidad; el segundo, la rebeldía frente a los dominadores y el impaciente deseo de independencia. Tilak no estaba dispuesto a descender a compromisos, y quería echar a los ingleses del país, con violencia si era necesario; aunque se guardaba bien de admitirlo públicamente.

Los indios habían hecho una generosa contribución a la guerra. En otoño de 1914, se había mandado a Francia un cuerpo de ejército. En el invierno del mismo año, tropas indias habían sido encarceladas en el Canal de Suez. Otros hombres habían combatido en Macedonia, en el África oriental alemana y en la campaña de Irak. En esta última habían jugado un papel de primer orden en la toma de Bagdad en 1917. Se trataba de un total de ochocientos mil hombres en las fuerzas combatientes y de cuatrocientos mil en servicios de retaguardia. En reconocimiento por esa aportación concreta, en 1918 el gobierno inglés presenta un proyecto de nueva constitución para la India, conocido como el «Informe Montagu-Chelmsford». Pero el texto de la medida –que mantiene el gobierno central sólidamente en manos inglesas– decepciona las expectativas de los indios, que esperaban medidas más avanzadas.

Por su parte, Gāndhī había atendido el consejo de Gokhale de pasar un año estudiando la realidad india antes de tomar posiciones en el terreno político, y se había puesto a recorrer la India, a pie, atravesando las aldeas de las zonas más aisladas, hablando con la gente y exhortándola a enrolarse en el ejército indio, junto a Gran Bretaña. También había tenido ocasión de efectuar el primer *satyāgraha* en India, en las plantaciones de índigo de Champaran (nordeste), obrando con éxito a favor de los aparceros del lugar. Con anterioridad había tenido otros dos resultados positivos, a fines de julio de 1917, sin que fuese necesario descender al terreno de la lucha. Sólo con la amenaza de efectuar el *satyāgraha* se había logrado la victoria. Pero la gran ocasión llegaría acabada la guerra, en los primeros meses de 1919.

Los once votos del *āśram* del *satyāgraha*

1. *La verdad.* Hay que conformar la vida de cada uno de nosotros , a cualquier precio, a la verdad –recuerda Gāndhī-, como hizo Parlad, que osó oponerse a su padre por amor a la verdad, sufriendo sin reaccionar atropellos y torturas hasta que ésta triunfó. En el *āśram*, nos planteamos como un deber el decir no cuando queremos decir no, y esta es la primera regla, concluye el *Mahātmā.*

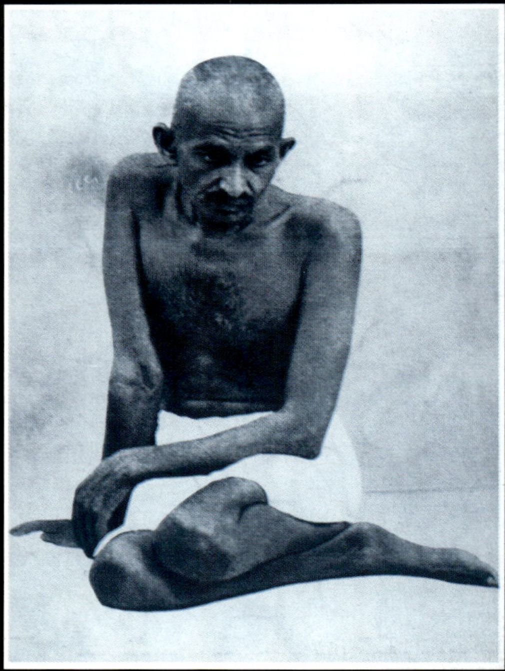

2. *La no-violencia.* Literalmente, *ahimsā* significa no-matar. Pero para Gāndhī el término tiene un significado más amplio y elevado. Significa que no se debe ofender a nadie, y que no se deben albergar pensamientos malévolos ni siquiera frente a quien se considere nuestro enemigo.

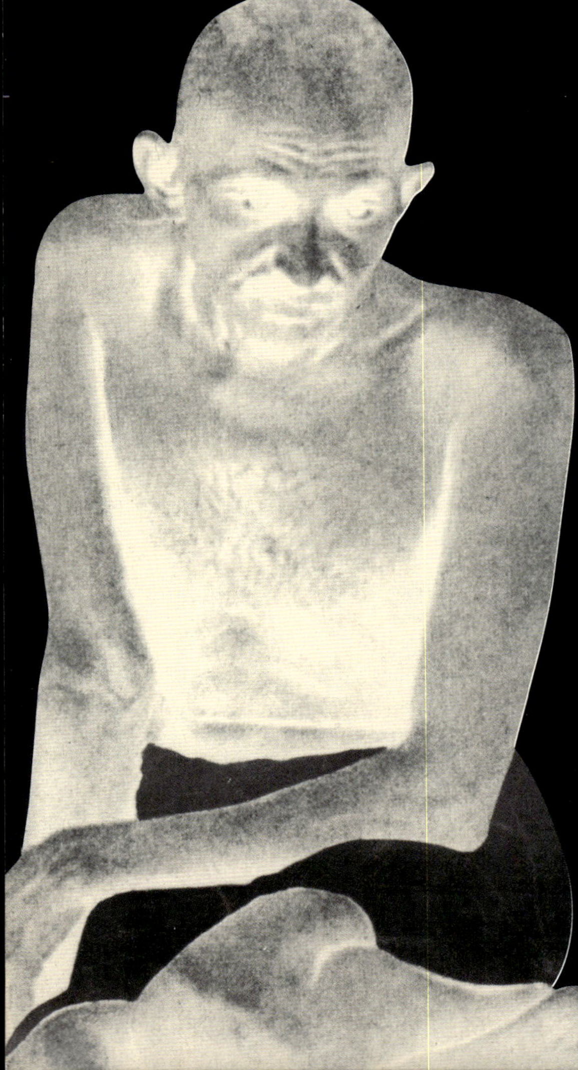

3. *La castidad.* Quien quiera ponerse al servicio de la nación, o dar testimonio auténtico de la religión, debe vivir célibe, sin importar si está casado o no.
4. *La pobreza.* Igual que no se debería recibir, no se debería poseer nada de cuanto no sea absolutamente necesario. Poseer alimentos, ropas o muebles no necesarios sería una violación de este principio.
5. *El valor.* En el *Bhagavadgītā*, la ausencia de miedo está indicada como el primer requisito fundamental del hombre bueno. Si el hombre teme decir la verdad es porque tiene miedo de las consecuencias. Mas un hombre temeroso de Dios, no puede en verdad temer ninguna consecuencia terrenal.

6. *El control del paladar.* El hombre que quiera controlar sus deseos materiales lo hará mejor si logra controlar su propio paladar. Si no consigue cerrar los ojos ante las distintas especialidades gastronómicas, tampoco será capaz de controlar el exceso de estímulo que de ellas se deriva.

7. *La renuncia al robo.* Según Gāndhī, todos podemos considerarnos ladrones en cierto sentido, pues, cuando tomamos algo que no necesitamos en ese momento, se la estamos robando a algún otro. La naturaleza produce suficiente para nuestras necesidades cotidianas primarias.

8. *El trabajo material.* El trabajo físico es esencial para los preceptos del no-robar y el no-poseer. Los adultos hábiles deberían realizar por sí solos todas las operaciones personales, sin hacerse servir. Pero a la vez, deberían recordar que el cuidado de los niños, de los incapacitados, de los ancianos y de los enfermos es un deber al que no hay que sustraerse.

9. *La igualdad de las religiones.* «Creo en la verdad fundamental de todas las grandes religiones del mundo. Creo que todas están donadas por Dios, y que cada una es necesaria para el pueblo al que ha sido respectivamente revelada. Creo, además –afirma el *Mahātmā* - que sólo si lográsemos leer las escrituras de las distintas fes desde el punto de vista de sus seguidores, descubriríamos que pueden reconducirse a una raíz única, y las encontraríamos recíprocamente útiles a todas».

10. *La acción prointocables.* Que alguien deba ser considerado intocable por causa de su ocupación, está fuera de cualquier posibilidad de comprensión. Según Gāndhī, es una maldición que pesa sobre India, y todos los sufrimientos que el pueblo indio está obligado a padecer dependen, en su opinión, de este grave delito que el pueblo ha cometido en el pasado, cuando India estaba en el nivel más bajo de su existencia.

11. *El swadeśi.* «En vuestra aldea –dice Gāndhī– mientras haya el barbero de la aldea debéis serviros de él (...) Si queréis que vuestro barbero sea mejor, haced que aprenda a serlo. Y mientras no hagáis esto, no estaréis autorizados a cambiar de barbero. Esto es el *swadeśi*».

Página contigua: Gāndhī en 1930.

Abajo: crepúsculo indio sobre el agua.

Fracasa el satyāgraha general

Durante la guerra, el gobierno inglés había aparcado una serie de medidas legales, tendentes a garantizarlo frente a los nacionalistas indios, que hubieran podido aprovechar su compromiso en Europa para intentar desbancarlos del poder en India. La lealtad de los indios había sido completa, tanto que los ingleses habían conducido toda la campaña militar manteniendo en India, sin problemas dignos de mención, unas pocas tropas: quince mil hombres en total. Acabada la guerra –en el momento en que los indios esperaban su independencia como recompensa por su lealtad– los ingleses decidían prorrogar, *sine die*, las medidas restrictivas de naturaleza excepcional, en vigor durante el conflicto. Para los indios, esto fue una auténtica ducha fría, y para Gāndhī, había llegado el esperado momento de la prueba.

Las disposiciones emitidas en los primeros meses de 1919 consistían en dos leyes, llamadas después «Rowlatt Bills». Estas concedían a los jueces, en la lucha contra los nacionalistas, la facultad de dictar sentencias sin la colaboración de un jurado. Además, permitían a los gobiernos de las provincias encarcelar, sin proceso, a los sospechosos. Era una burla para los indios que, en espera de las leyes de actuación del tan auspiciado «Informe Montagu-Chelmsford», se veían ahora sometidos a los efectos de las «Rowlatt Bills». Gāndhī reaccionó y el 28 de febrero de 1919, desde su *āśram* de Sabarmati, con un juramento colectivo de veinte personalidades convocadas allí por él, dio el visto bueno al *satyāgraha* general. El juramento rezaba: «Afirmamos solemnemente que, en el caso de que los proyectos se convirtieran en leyes, y hasta que no sean derogadas, rechazaremos la obediencia civil a estas leyes (...) Y también afirmamos que en esta lucha seguiremos fielmente la verdad, y nos abstendremos de actos de violencia frente a la vida, las personas y los bienes».

Página contigua: el templo de Oro de Amritsar en una imagen de principios del s. XX.

Derecha: el general Reginald Dyer, responsable de la matanza de Amritsar en 1920.

Tras solicitar inútilmente al Virrey la derogación del «paquete Rowlatt», Gāndhī señaló para el 30 de marzo un solemne *har'tāl*, gesto que se remite a la tradición hindú. Es un momento de reivindicación política pero también de purificación religiosa. Dado que la lucha que está por iniciarse es, según el *Mahātmā*, una lucha sagrada, es bueno iniciarla con la oración y con el ayuno durante veinticuatro horas, descuidando todas las demás ocupaciones. Mientras, la fecha del *har'tāl* se desplazó al 6 de abril, pero a Delhi la noticia no llegó a tiempo, y el día 30, una enorme procesión de hindúes y musulmanes recorrió las calles de la ciudad. Como la manifestación no había sido autorizada, la policía dispara causando la muerte de nueve manifestantes e hiriendo a otros trece. La inesperada alianza de hindúes y musulmanes es una desagradable sorpresa para las autoridades británicas y fuente de gran preocupación. Informado de los desórdenes, Gāndhī, desde Bombay, decide ir a Delhi, pero es arrestado y se le devuelve atrás. Al conocerse su arresto estallan graves desórdenes. En Amritsar, en el Punjab, el 10 de abril, algunos ingleses, entre ellos una mujer, son linchados por la multitud enfurecida.

La situación es extremadamente grave y los ingleses temen la repetición de la trágica revuelta de los *sepoys*, las tropas indígenas a su servicio. El gobernador, sir Michael O'Dwyer, confiere plenos poderes al comandante del presidio, general Reginald Dyer, llegado el día antes. Éste prohibe toda reunión y toda manifestación. El día 13, una multitud de manifestantes, unos diez mil, se reúne en Amritsar, en un espacio completamente rodeado de muralla y con una sola gran puerta de acceso, usado para manifestaciones públicas de distinta naturaleza. En el interior del recinto, llamado *Jallianwala Bagh*, alguien se dirige a la multitud desde un podio. Mientras eso ocurre, desde una posición dominante situada en el exterior, Dyer –llegado con una fuerza de cincuenta hombres dividida entre *gurka* y *beluci*– ordena abrir fuego sobre los manifestantes sin previo aviso. Es una masacre. La multitud aterrorizada intenta huir escalando la muralla que, en su parte baja, mide dos metros de altura, mientras los soldados continúan con el fuego sistemático, tirando al montón. Se disparan miles de tiros sobre la masa indefensa. Hay 379 muertos y más de 1500 heridos.

¿Qué había ocurrido? Gāndhī había puesto en movimiento una gran máquina sin haber construído antes los necesarios mecanismos de control, e, inevitablemente, la máquina se movía en direcciones no deseadas. Estamos en 1919 y en el mundo están teniendo lugar convulsiones y tensiones

Arriba: sirvientes indios en el exterior de un palacio de la nobleza de Amritsar, ciudad símbolo de los sikh, a fines del s. XIX.

Página contigua, abajo: un seguidor de Gāndhī trabaja el algodón con el telar artesanal de rueda o *car'khā*.

cuyas noticias llegan a la India, suscitando expectativas de cambio y esperanzas de revancha. Los ingleses tienen presente lo que está sucediendo en Rusia y temen una revolución social en el imperio. Gāndhī, por su parte, está desesperado, porque se da cuenta de que el pueblo indio todavía no está preparado para comprender la auténtica naturaleza del *satyāgraha* y para seguirlo por la vía de la acción política no violenta. El 18 de abril, el *Mahātmā* ordena la suspensión oficial de la campaña y hace autocrítica, considerándose responsable del giro de los acontecimientos. Para él hay que seguir trabajando en el terreno de la propaganda, para construir la organización de una vanguardia, preparada y consciente, capaz de asumir la guía del movimiento en el momento oportuno, acompañándolo y controlándolo hacia los objetivos de lucha justos.

Empieza la no cooperación

La obra de reorganización interna empieza enseguida. En mayo de 1919, la comunidad de Sabarmati se convierte en cuartel general de Gāndhī. Se constituye un grupo de *satyāgrahī* –personas elegidas entre gente experimentada y de sólida fe– que habrá de guiar y controlar a las masas en futuras campañas de lucha no violenta. Y no sólo eso, dado que la terrible experiencia del Punjab ha dejado claro que las ideas del *Mahātmā* están muy lejos de ser percibidas, en su auténtico significado, el agitador hindú logra hacerse con dos órganos de prensa periódica: «*Young India*», semanario publicado en inglés, y «*Navajivan*», mensual que sale en lengua *gujarātī*; con ellos difundirá los contenidos del *satyāgraha*. En Inglaterra, la opinión pública está dividida sobre los graves hechos de Amritsar. El general Dyer es obligado a dimitir, pero muchos consideran que ha actuado del único modo posible para truncar una revolución inminente, y tienden a atribuir la responsabilidad únicamente a Gāndhī. La Cámara de los Comunes de Londres censura, con los mínimos votos en contra, la represión efectuada. Y hay incluso quien lanza suscripciones a favor del general dimisionario. La publicación, en marzo de 1920, del informe de la «Comisión de investigación Hunter», con el que se tiende a rebatir esa tesis, no hará más que aumentar el nivel de tensión política. A ello debe añadirse la decisión inglesa de proceder al desmembramiento del imperio otomano, en abierta violación de las promesas hechas a los musulmanes de India.

Ante estos nuevos hechos, la posición de Gāndhī frente a las autoridades británicas cambia radicalmente. Si hasta entonces había tenido frente a ellas una actitud de gran lealtad, a partir de ese momento decide que los indios deberán dar vida a un proceso de enfrentamiento –siempre no violento– y de ruptura. A esta nueva actitud mental Gāndhī la denomina no cooperación. Y se esforzará por llenarla de contenidos prácticos cada vez mayores, para implicar en sus iniciativas a sectores cada vez más amplios de la sociedad. El giro se inicia con una clamorosa protesta, devolviendo a los ingleses, el 1 de agosto de 1920, todas las condecoraciones que había recibido en el pasado por su compromiso en la guerra contra los boers, los zulúes y en la «Gran guerra». En septiembre, con el apoyo del Congreso y de los musulmanes, el agitador reemprende la gran campaña de lucha, contra los intereses comerciales británicos. La vía elegida es la del boicoteo de los productos, y en particular de los productos textiles ingleses. Surgen nuevas y singulares formas de lucha.

Gāndhī en 1919, a los cincuenta años, en la época de la lucha en India contra las «leyes Rowlatt».

Gāndhī, en 1919, dirigiéndose en Calcuta
a una multitud de sus seguidores.

Se empieza quemando montones de tela de producción extranjera, e invitando a los indios a vestir a la manera tradicional, abandonando las ropas de corte europeo. Gāndhī recupera, y somete a la atención de todo el país, la tradición del hilado manual, lanzando una campaña para la utilización, a gran escala, del *car'khā*, el tradicional telar de rueda, empleado por los campesinos. El gesto está dirigido a denunciar el enorme costo que supone para India hacer hilar y tejer el algodón que produce Inglaterra o Japón. La iniciativa no sólo tiene un significado propagandístico, sino otro concreto, porque, según Gāndhī, el hilado a mano del algodón puede mejorar las rentas de millones de familias de campesinos, repartidas por las aldeas, contribuyendo a librarlas de la indigencia y del hambre. Gāndhī es el primero en dar ejemplo, aprendiendo a hilar con el *car'khā*. El instrumento, ampliamente publicitado, se convertirá en el símbolo de la India en lucha por la independencia y por la autosuficiencia económica, hasta el punto de ser reproducido hasta en las banderas.

En el curso de la lucha tienen lugar desórdenes y se cuentan nueve víctimas, pero esta vez el rebelde no se detiene. La campaña desemboca en una fase aún más radical, pasando en 1922 de la no cooperación a la desobediencia civil. En su intento por imprimir un giro a la lucha, Gāndhī da un ultimatum al Virrey, escribiendo que, si en quince días no obtiene la independencia, India se la tomará sola, declarando acabado el dominio británico. Pero los gravísimos incidentes de Chauri-Chaura, en Gorakhpur -una región al norte de Benarés, junto a la frontera con Nepal- donde veintidós policías, encerrados en un edificio, fueron quemados vivos o linchados, obligó nuevamente al *Mahātmā* a la defensiva. El 6 de febrero de 1922, desde las columnas de «*Young India*», Gāndhī retiró el ultimatum al Virrey y suspendió la campaña de lucha, reconociendo que dicha decisión era una derrota política, pero también la única justa en tales circunstancias. Pero el Congreso, con una resolución de fines de febrero, afirmó que la desobediencia civil individual debía continuar, aunque con ciertas condiciones, a pesar de que cesase la de masas. Esta decisión proporcionó a las autoridades británicas el pretexto para arrestar al agitador y someterlo a procedimiento judicial. Pero en el proceso celebrado el 18 de marzo, como ocurre a menudo en esos casos, el acusado se transformó en acusador y en juez, y Gāndhī hizo valer fácilmente las razones éticas de su lucha. Se le condenaría a seis años de cárcel, después que él mismo solicitara la mayor pena posible. Pero, escarmentados, los ingleses se guardarían bien en el futuro de procesar nuevamente al *Mahātmā*. Lo arrestarán de nuevo, varias veces, pero otro proceso, ¡jamás!

Derecha: Calcuta, 1922, manifestación de protesta
tras el arresto de Gāndhī.

TRABAJO INTELECTUAL EN PRISIÓN

Cuando en marzo de 1922 Gāndhī entra en prisión para cumplir la condena, hacía un año que estaba en vigor la nueva constitución india, surgida del «Informe Montagu-Chelmsford», que permitía una participación, aunque muy limitada, de las clases indias más elevadas y cultas en la vida política del país. Las condiciones de vida de las masas estaban mejorando en India, al desaparecer las restricciones impuestas desde el periodo más duro de la guerra. Pero estaba teniendo lugar un cambio en la actitud de los musulmanes que, temiendo un predominio cada vez mayor de los hindúes, ya no estaban dispuestos a hacer causa común con Gāndhī. Ello era debido también al debilitamiento general del mundo islámico, consecuencia de la derrota militar de Turquía en la Primera guerra mundial, y a la revolución interior realizada por Atatürk, que había impreso al país un giro laico. La amplia coalición que había posibilitado la primera campaña de no cooperación se había disuelto, y el hombre que había adquirido, con su autodefensa en el proceso, gran notoriedad y merecido profunda estima, incluso de sus adversarios, parecía definitivamente fuera de juego, al menos en el terreno político. Motivado por su prolongada ausencia del debate, con el correr del tiempo se había creado una auténtica crisis en el seno del Congreso, que había acabado por producir una escisión, y el nacimiento de dos facciones, con ideas antitéticas sobre la actitud que adoptar respecto a los Consejos legislativos instituidos con la reforma. Los denominados *«no-changers»* (quienes no piensan cambiar) estaban firmemente decididos a llevar adelante el programa de Gāndhī, mientras que los partidarios del *svarāj* (autogobierno) –los que consideraban que los Consejos habrían debido cambiarse desde dentro– pretendían presentar sus propios candidatos a las elecciones.

Gāndhī permaneció dos años encarcelado, y durante ese tiempo se dedicó serenamente al estudio,

Gāndhī durante una reunión con miembros
del partido nacionalista en 1922.

a la lectura y al hilado del algodón. Los acontecimientos externos parecían no turbarlo demasiado. Es un preso modelo y la detención no le disgusta. Finalmente tenía tiempo para leer y estudiar, algo que había amado siempre pero que no siempre había podido hacer. Dedicaba seis horas de su jornada al estudio y a la meditación, y cuatro al hilado del algodón, realizado con el *car'khā*, el telar manual de la tradición india. Se interesó por las religiones surgidas fuera de India, leyendo el Corán y numerosos libros sobre el cristianismo. Profundizó en sus conocimientos sobre el hinduismo. Leyó el *Rāmāyana*, que despertó en él el recuerdo paterno y de su infancia.

En la cárcel de Yeravda, en la periferia de Poona, *Mahātmā* escribió *Satyāgraha en Sudáfrica*, resumen de su actividad política en la Unión Sudafricana, e inició la redacción de su *Autobiografía*. Pero enfermó gravemente. Le asistió su mujer, que logró permiso de la autoridad para proporcionarle un alimento más adecuado a sus condiciones. Parecía estar fuera de las vicisitudes políticas de India cuando, inesperadamente, el destino le salió al encuentro en enero de 1924, con un súbito ataque de apendicitis aguda que obligó a su inmediato ingreso en el Sassoon Hospital de Poona, donde fue operado de urgencia. La convalecencia se presentó larga y dificultosa, y las autoridades, infravalorando el peso político que el detenido tenía aún, decidieron excarcelarlo. Una vez en libertad, Gāndhī encuentra al partido dominado por la corriente que le era contraria, la del *svarāj*, y a los indios dilacerados por luchas entre musulmanes e hindúes. Profundamente conmovido por la explosión de odio religioso, empieza un ayuno de expiación, que dura veintiún días, pero que no sirve para apagar las controversias.

La corriente moderada, dirigida por Motilal Nehru (padre de Jawaharlal, que se convertiría en primer ministro de la India independiente) y por Citta Ranjan Das obtiene en 1924 un éxito clamoroso en las elecciones para la renovación de los Consejos legislativos, por lo que está en condiciones de poner en dificultades al gobierno. Eso ocurriría en muchas zonas de la India, donde el Congreso logrará bloquear la ejecución de la reforma prevista. Mientras tanto, Gāndhī, en el *āśram* de Sabarmati que en 1924 cuenta con doscientos componentes, pasa su convalecencia cardando e hilando el algodón, y dedicándose a la causa de los *pariah*: invita a los braminos a abrir a aquéllos las puertas de los templos, y a los campesinos a no negarles el agua de los pozos. Con el fin de recomponer la unidad del partido, eliminando las facciones, Gāndhī acepta la presidencia del Congreso, que se le ofrece para 1925. Pero declara que, si como miembro del Congreso, y para favorecer la unidad, propone el fin de la no cooperación con los ingleses, como persona no piensa hacerlo, mientras siga el mismo gobierno. Agotado su mandato en la sesión de Kanpur de diciembre de 1925, Gāndhī pasa el cargo de presidente del Congreso a Sarojini Naidu –exponente del nacionalismo, amiga suya y escritora famosa- y se aleja de nuevo de la vida política, retomando su papel natural de guía moral y espiritual.

A un paso de la independencia

Empieza para Gāndhī un periodo intenso de contactos con el pueblo indio. Su decisión de tomarse unas «vacaciones» de la política se transforma en un activismo frenético. En 1926, acompañado por un grupito de discípulos, viaja a través de la India, desplazándose de aldea en aldea, a pie, en tren y en coche, hablando con la gente, manteniendo continuamente reuniones, y descansando muy poco. La fatiga acumulada es tal que en Kolhapur, una localidad del interior, entre Poona y Goa, donde había tenido siete reuniones en un día, sufre un colapso. Gāndhī no era un orador apasionado, en absoluto. Hablaba sin gesticular, a veces sin mover siquiera un dedo, a menudo sentado tranquilamente, con las piernas cruzadas, usando palabras simples que todos podían comprender. La gente corría para verle y oírle, realizando, a veces, a pie, viajes que requerían jornadas enteras. Y lo escuchaba en religioso silencio. Mientras el *Mahātmā* se dedicaba a este extenuante apostolado, en el partido del Congreso maduraban importantes novedades. Entre

Gāndhī y su mujer participan en la fiesta del centenario del nacimiento de Daharab Narop, famoso político indio.

Gāndhī –con un simple paño de algodón anudado
a los lados– entrevistado por un periodista indio en 1928.

1926 y 1927 se había formado una corriente de izquierdas que intentaba desbancar las posiciones de Gāndhī. Eran sus jefes Jawaharlal Nehru (hijo de Motilal) y Subhas Chandra Bose, nativo de Bengala. Con ellos hacía su aparición en la lucha política india el componente ideológico. En 1927, Nehru acababa de volver de un largo viaje al extranjero, durante el que había visitado la Unión Soviética, del que sacó una impresión positiva. En un opúsculo escrito por él, *La Rusia soviética*, esbozaba a Lenin con simpatía y elogiaba los progresos realizados por la URSS. En pocas palabras, Nehru y Bose se proponían introducir en el tejido gandhiano, impregnado de tradición y espiritualidad, técnicas y métodos de lucha típicos de Occidente, compartidas sobre todo por el movimiento obrero internacional. Algo que ciertamente no podía hacer Gāndhī, y que se habría guardado bien de hacer. Aunque definido a menudo como un «comunista no violento», el *Mahātmā* no apreciaba el reclamo a Marx, totalmente ajeno a él. Sin duda habría preferido reclamarse a Cristo que, como es sabido, ha sido frecuentemente definido como el «primer comunista de la tierra». Pero entre gandhismo y marxismo no podía haber mezcla alguna.

En diciembre de 1927, el Congreso se reúne en Madras y sanciona el declive del anciano Motilal Nehru. Las posiciones que se enfrentan en aquella ocasión se refieren a la línea de Gāndhī –momentáneamente recuperado para la política activa– de la no colaboración, y la nueva corriente de izquierdas, que apunta a la completa independencia nacional. Gāndhī es derrotado, y prevalece la línea de Bose y del hijo de Motilal Nehru. En 1927 el *status* jurídico de India aún no había encontrado una solución adecuada.

El gobierno inglés había puesto en marcha las reformas previstas en el «paquete Montagu-Chelmsford», pero la neta victoria de los defensores del *svarāj*, en las elecciones para la renovación de

los Consejos legislativos, había acabado por bloquear todo esfuerzo de renovación. Los ingleses habían constituido aquel año una comisión parlamentaria de investigación, denominada «Comisión Simon» –por el nombre de su presidente– con la tarea de formular propuestas concretas a fin de superar la hostilidad de los partidarios del *svarāj*. Pero ningún indio había sido invitado a formar parte y, cuando el 5 de noviembre de 1927 el Virrey anunció la inminente llegada a India de la Comisión, todos los partidos indios decidieron boicotear sus tareas. La iniciativa inglesa aparecía como una ofensa deliberada al país, y se sospechaba que fuese un pretexto para bloquear cualquier posible desarrollo futuro de la Constitución en sentido autonomista.

La Comisión llegó a India el 3 de febrero de 1928, y sus desplazamientos por el país fueron motivo de protestas e incidentes. Los comisarios son recibidos por manifestantes que agitan banderas negras y gritan *Simon, go back!* (¡márchate, Simon!). Unos meses después, para desbancar la línea de la extrema izquierda, los herederos de la corriente moderada del Congreso, presentan un memorándum, apoyado por Gāndhī, por el que se aceptaba el *status* de *dominion*, abandonando la petición de vincular la independencia de India a su eventual colocación fuera de la *Commonwealth* británica. Esta era la propuesta ofrecida por el Virrey que el grupo político de Gāndhī intentaba hacer propia. Pero eso no es todo, porque además Gāndhī desea pedir la abolición de la reforma electoral, introducida por los ingleses, que prevé el voto en colegios separados, diferenciados en base a la confesión religiosa declarada. Reforma maliciosa, profundamente deseada por los ingleses, que se proponían de ese modo separar a los hindúes de los musulmanes. La segunda propuesta que Gāndhī presenta, estudiada con el fin de reconstituir la unidad de los hindúes, acaba, a su pesar, por ofender a los musulmanes que, desde aquel momento, se disociarán de las iniciativas de lucha promovidas contra el gobierno. En el Congreso de Calcuta, celebrado en diciembre de 1928, Gāndhī se esfuerza por recomponer el partido y, con grandes esfuerzos, lo consigue con una fórmula de compromiso: el partido pedirá la independencia con el *status* de *dominion* pero, si a fines de 1929 ésta no ha sido concedida, se recurrirá

Izquierda: Madrás, 1927, la protesta contra la Comisión Simon.

Arriba: una calle de Madrás a principios del s. XX.

a la desobediencia civil. La voluntad del *Mahātmā* de llegar a la eliminación de la distinción de los colegios electorales era debida también a su deseo de luchar contra las discriminaciones de que eran objeto los «intocables», los sin casta, que debían someterse, en el momento del voto, a una rigurosa separación física, con el riesgo de sancionar, incluso desde un punto de vista político y jurídico, su anacrónica condición de inferioridad social. Durante el verano de 1929, lord Irwin, Virrey de India, viajó a Londres para consultas con el nuevo gobierno surgido de las elecciones de mayo. El *premier*, Ramsay Mac Donald, le concedió vía libre, y, a su vuelta, lord Irwin hace pública, el 31 de octubre, una declaración en la que prácticamente ofrece a India la independencia como *dominion*. Mas, al no tener de los ingleses garantías más precisas sobre una hipótesis de constituyente y, sobre todo, temiendo que la aceptación de la propuesta inglesa pueda conducir a la salida del partido de la corriente radical de izquierda, Gāndhī duda, para resolver al final no aceptar la propuesta, con lo que el espejismo de la independencia se disuelve.

Vuelta a la lucha y «marcha de la sal»

La propuesta inglesa de independencia se había desestimado también porque, en 1929, el concepto jurídico de *dominion* no estaba claro. No fue hasta 1931, con el «Estatuto de Westminster», cuando se reglamentaron y se declararon cumplidamente soberanos. Un hálito de incertidumbre rodeaba esta palabra, que debía aparentemente indicar una realidad política, dotada de completa autonomía en los asuntos internos, con su representación en la Sociedad de Naciones, pero tutelada en política exterior directamente por Gran Bretaña. Con motivo de la ruptura con el gobierno inglés, el Congreso, reunido en Lahore, decide, en diciembre de 1929, el inicio de una campaña masiva de desobediencia civil y confía su dirección a Gāndhī. Éste se retira durante un par de meses al *āśram* de Sabarmati a meditar y a hilar el algodón. Después decide desafiar al gobierno en el terreno de la evasión fiscal. El 2 de marzo de 1930, el Congreso nacional panindio aprueba, por inmensa mayoría, la moción por la que Gāndhī pide la plena

Un muelle del puerto de Calcuta a fines de los años veinte del s. XX.

Gāndhī y sus discípulos, envueltos en el khadi, en ruta durante la «Marcha de la sal» de 1930.

independencia de India. El mismo día, el órgano representativo más importante de los hindúes preanuncia al Virrey, lord Irwin, la vuelta a la lucha, ante la ausencia de nuevos movimientos del gobierno. Como los ingleses no dan respuesta alguna a la petición, Gāndhī decide atacar el impuesto que grava el consumo de sal. Para compensar la reciente abolición del impuesto sobre el algodón, decidida por el gobierno, se había duplicado el impuesto sobre la sal, bien de primera necesidad, que afectaba sobre todo a las masas campesinas.

Estamos a principios de 1930, y en India, como en el resto del mundo, la crisis económica de 1929 empezaba a dejar sentir sus consecuencias negativas en términos sobre todo de depreciación de la moneda. La iniciativa del *Mahātmā*, si por un lado estimulaba las aspiraciones políticas de las clases medias, por otro hacía suyas la reivindicaciones de los campesinos y del proletariado urbano, por lo que había de tener un apoyo masivo. Gāndhī empieza la manifestación la mañana del 12 de marzo de 1930, partiendo a pie con un grupo de 78 discípulos, entre ellos dos «intocables», dos musulmanes y un cristiano, desde el monasterio de Sabarmati, junto a Ahmedabad. Se dirige al sur hacia la costa, con la intención de alcanzar alguna localidad costera, en el golfo de Cambay, donde la existencia de salinas naturales, causada por la fuerte

J.D. Brown

«Cada vez que los jefes de India defienden a los intocables, ayudan a los campesinos o se resisten a la tentación de utilizar la fuerza, es la voz de Gāndhī la que oyen. Además de ser venerado por el pueblo por el pueblo entero, el Mahātmā es la conciencia misma de la nación»

J.D. Brown, Historiador

evaporación del agua del mar, estancada en territorio interior, permitía con facilidad la recogida de sal. Antes de partir ha invitado a todos los indios a abstenerse de actos violentos y a desechar y quemar las ropas de hechura burguesa, pues a partir de hoy –dice– para el éxito de la lucha todos los indios deberán llevar una única indumentaria, el *khaddar* de algodón. Su objetivo es llegar al mar y, con sus manos, extraer del agua unos gramos de sal, para violar de forma palmaria las leyes que atribuyen a la organización estatal el monopolio de dicha actividad. Pronto su marcha se transforma en apoteósis. De cada ciudad y de cada aldea, grupos de acompañantes se unen al primitivo, extenuado pelotón, y enseguida se convierten en un fenómeno imponente. Tras una marcha de 24 días y 390 kilómetros recorridos, Gāndhī llega al mar en una

localidad al norte de Bombay llamada Dandi, caracterizada por la existencia de algunas salinas naturales. El 6 de abril, ante una multitud entusiasta, recoge de la orilla, con un cubito, un puñado de arena mezclada con agua y sal.

La aproximación a Bombay no era casual. Gāndhī esperaba implicar en la protesta a la gran ciudad. Si eso ocurría, toda India se había puesto a su favor. Su previsión era exacta, y, en efecto, todo el país salió a la arena. Los campesinos dejaron de pagar el impuesto territorial. Los funcionarios gubernativos dejaron de poder comprar incluso los artículos de primera necesidad. En los tribunales las audiencias quedaron desiertas y los productos textiles extranjeros sufrieron un boicot total. Estallaron desórdenes por toda India. Hubo miles de heridos y la policía efectuó arrestos en masa. Se condenó a la cárcel a más de sesenta mil personas. Uno de los primeros en ser arrestados fue Jawaharlal Nehru. El 5 de mayo también fue arrestado Gāndhī. Apenas se difundió la noticia, India reaccionó espontáneamente con un *har'tāl* masivo de veinticuatro horas. El lugar de Gāndhī fue ocupado por su mujer, Kasturba, quien pronto acabó también en la cárcel. Casi todos los dirigentes del Congreso fueron encarcelados o retenidos en arresto domiciliario. El movimiento siguió con el compromiso de jefes improvisados, surgidos espontáneamente de las masas, llamados por la gravedad del momento a una toma de conciencia y a una asunción de responsabilidades a la que no se podían sustraer.

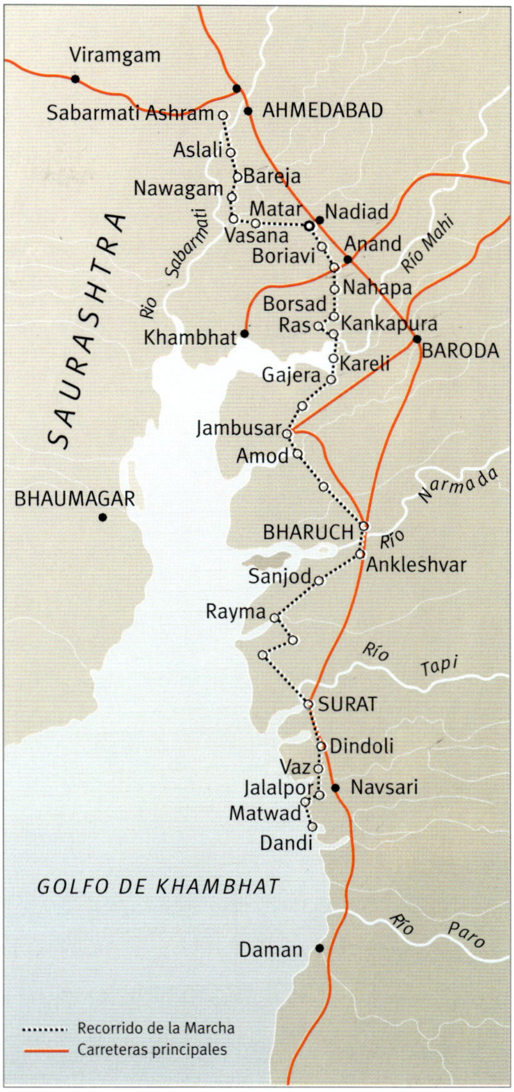

Página contigua: un policía a caballo intentando dispersar a un grupo de seguidores de Gāndhī durante la «Marcha de la sal» de 1930. Izquierda: protesta en Bombay tras el arresto de Gāndhī en mayo del mismo año.

Arriba: el itinerario de la «Marcha de la sal».

La «Marcha de la sal»

La mañana del 12 de marzo de 1930, Gāndhī abandonaba el *āśram* de Sabarmati para iniciar una manifestación de desobediencia civil, orientada a no pagar el impuesto sobre el monopolio, que ha pasado a la historia como la «marcha de la sal». Iba acompañado por un grupo de setenta y ocho seguidores para comenzar a pie un viaje que, luego de trescientos treinta y ocho kilómetros, había de conducir al mar. Por expresa disposición de Gāndhī, ligada a su particular modo de concebir la lucha, no había mujeres en el grupo. Pensaba que la presencia de éstas habría impedido a los policías, por un innato

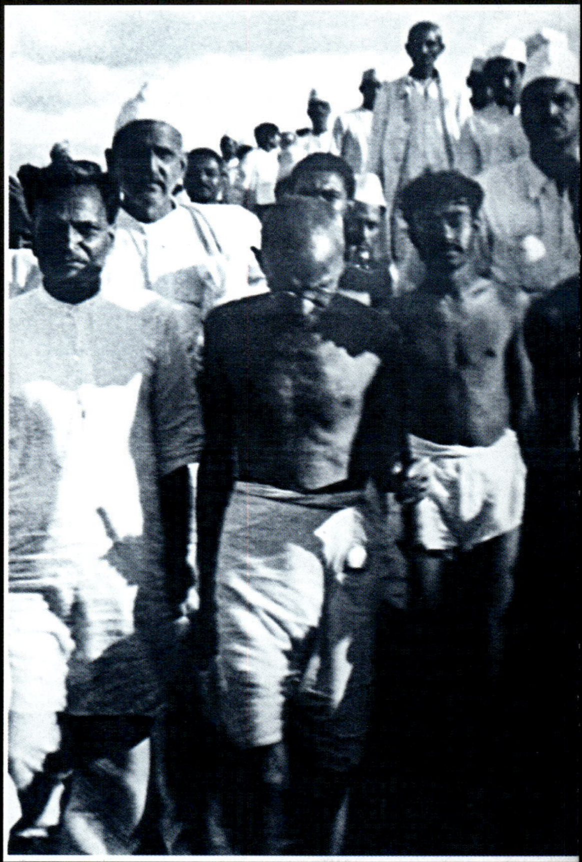

sentido de caballerosidad, ejercer plenamente el proyecto de represión establecido; ello habría privado al movimiento de la oportunidad de una importante comprobación sobre el terreno de la capacidad de los *satyāgrahī* para responder a las agresiones con la no-violencia. Gāndhī abría el grupo, apoyándose en un bastón de bambú con punta metálica. Siempre había un caballo dispuesto para el *Mahātmā*, pero éste nunca lo utilizó. «Hacer veinte kilómetros al día en dos etapas es un juego de niños», comentó. Las jornadas estaban organizadas con precisión. Se partía a las seis y media, y oraciones colectivas al alba y a la puesta de sol. Gāndhī hilaba algodón una hora al día, llevaba un diario y escribía para «*Young India*». A las nueve se retiraba, aunque seguía hablando con la gente. A medida que avanzaba la marcha, las administraciones locales se deshacían y muchos jefes de aldea dimitían.

El 18 de marzo, en Borsad, Gāndhī dijo a la multitud: «Hoy desafiamos la ley de la sal. Mañana echaremos otras leyes a la papelera. Al hacerlo, pondremos en práctica una no-cooperación tan rigurosa, que al final la máquina administrativa no tendrá forma de funcionar. Entonces, que el gobierno siga sus reglas, que emplee sus fusiles contra nosotros, nos encarcele, nos ahorque. Mas, ¿a cuantos se puede aplicar ese castigo? Intentad calcular cuánto tardarían los ingleses en ahorcar a trescientos millones de personas». Los aldeanos se unían a la columna, cada vez más numerosa. Tras veinticuatro días de camino, cuando llegaron el 5 de abril a Dandi, a orillas del mar, el grupo lo constituían varios miles de personas. Pasaron la noche en oración en la playa; a la mañana siguiente, Gāndhī, junto a un numeroso grupo, entró en el agua para un baño ritual de purificación. Al volver a la arena, se acercó a una zona donde se había depositado la sal, se inclinó a recoger un puñado y luego dijo: «Nuestro camino está marcado. Que cada aldea produzca o recoja sal de contrabando. Que nuestras hermanas formen piquetes frente a las tiendas que venden licores y tejidos extranjeros (...) Que jóvenes y viejos, en cada casa, hagan girar la rueda e hilen (...) Los tejidos extranjeros ardan en las llamas (...) Que los hindúes dejen de discriminar a los intocables. Que hindúes, musulmanes, sikh, parsi y cristianos alcancen la unidad de objetivos (...) Que los estudiantes abandonen las escuelas estatales, que los funcionarios dimitan de sus cargos y se dediquen a servir al pueblo. Así tendremos la certeza de que el *svarāj* nos vendrá a llamar a la puerta».

Página contigua: un momento de la «Marcha de la sal»

Abajo: el monumento en bronce que recuerda, en Delhi, la épica marcha de Gāndhī y sus discípulos en 1930.

En Jeravda, en el fango y en Europa, en los altares

Al término de sus trabajos, la «Comisión Simon» había redactado un informe, en el que aconsejaba al gobierno británico que concediese total autonomía a las provincias interiores indias, a condición de que el poder central permaneciese sólidamente en manos inglesas. Ello ocurría mientras Gāndhī llevaba varias semanas en la cárcel, en Jeravda. El jefe del gobierno inglés, Mac Donald, con el fin de dar solución al antiguo problema indio, había decidido convocar en Londres la primera de una serie de conferencias paritarias que se conocieron con el nombre de «Conferencias de la Tabla Redonda».

El inicio de las negociaciones, a mediados de noviembre de 1930, fue una inútil pérdida de tiempo debido al peso casi nulo de la delegación india. De hecho, el Congreso había decidido no participar. Con la excarcelación del *Mahātmā*, además de la de todos los demás miembros representativos del Congreso, ordenada por Londres el 25 de enero de 1931, éste se encontró ante un dilema. Mientras, había fallecido Motilal Nehru, el viejo líder de la corriente moderada del Congreso, y el prisionero político recién excarcelado había llegado a tiempo de asistir a su final. Gāndhī y el Virrey comenzaron negociaciones a fin de alcanzar un entendimiento preliminar que llevar a Londres a la mesa de la Conferencia. Cuando empezaron las conversaciones, a partir del 17 de febrero Gāndhī se dirigía a pie al palacio del Virrey para las reuniones programadas y el baño de multitudes cotidiano se había convertido en una especie de rito

Gāndhī llega a Londres, en 1931, para negociar con los ingleses en la primera de las denominadas «Conferencias de la Tabla Redonda».

Gāndhī homenajeado por un grupo de mujeres
de Lancashire durante una visita a Darwen en 1931.

colectivo que, por un lado, contribuía a darle prestigio, y por otro reforzaba la esperanza, la fe y la cohesión de los indios.

Las negociaciones se alargaron durante un par de semanas y al final se alcanzó un acuerdo. El 5 de marzo de 1931 Gāndhī e Irwin suscribieron lo que se llamó el «Pacto de Delhi». A continuación, el Congreso, en su reunión de Karachi, a pesar de la oposición de la izquierda, decidía la suspensión de la campaña de desobediencia civil, y se declaraba preparado para participar en la segunda fase de la «Tabla Redonda». El gobierno inglés en señal de buena voluntad, modificaba la legislación sobre el monopolio de la sal, liberaba a los detenidos políticos, derogaba los decretos excepcionales sobre orden público y suspendía los procesos en curso.

En otoño de 1931 se celebra en Londres la segunda sesión de la Conferencia, pero mientras, la situación política general había cambiado. En India, lord Irwin había sido sustituido por lord Willingdon, que sentía gran antipatía por Gāndhī, mientras que en Londres, como consecuencia de las nuevas elecciones, los conservadores habían sustituido a los laboristas. Mac Donald seguía siendo *premier,* pero ahora el secretario de Estado para India, encargado de las relaciones con el Virrey, era sir Samuel Hoare.

En Londres, Gāndhī –que a la recepción oficial ofrecida por el rey Jorge V en el Palacio de Buckingham se había presentado descalzo, con ropa interior de algodón y envuelto en una túnica de lana remendada que a duras penas le cubría la espalda desnuda– se fue a vivir a una casa del East End, el barrio más pobre de la ciudad y cada mañana paseaba por la zona obrera, y era objeto de la curiosidad y la simpatía de cuantos se cruzaba.

Gāndhī en una de las sesiones de la Conferencia de Londres de 1931, que se prolongaron tres meses.

Eran los mismos obreros desempleados de la industria algodonera quienes le interrogaban sobre las razones de su lucha, y a éstos, cuyo desempleo era en buena medida debido al boicot indio, Gāndhī les explicaba que si en Inglaterra había tres millones de parados, en India eran casi trescientos millones, y que si el subsidio de paro en Inglaterra era de setenta chelines, en India era de siete chelines y seis peniques al mes. En la mesa de la Conferencia, inaugurada a principios de septiembre de 1931, Gāndhī pidió la independencia total de la India, en asociación, en pie de absoluta igualdad, con el Reino Unido. La conferencia acabó el siguiente mes de diciembre con un resultado casi nulo. En el seno de la delegación india se habían manifestado profundas diferencias, que los ingleses habían preferido agudizar en vez de atenuar. De nuevo, la independencia de India podía esperar.

De regreso a casa, Gāndhī efectuó algunas paradas en Europa. Se detuvo en París, donde pronunció un largo discurso en inglés, lanzando un mensaje de paz muy aplaudido. Visitó en Suiza, en Villeneuve, a su amigo Romain Rolland, un novelista francés de ideas pacifistas. Luego fue a Roma, invitado por el gobierno italiano. En aquellos años, Mussolini llevaba a cabo una política exterior que, inevitablemente, habría llevado a Italia a colisionar con Gran Bretaña, y el *Duce* no perdía ocasión de manifestar interés y simpatía por todo lo que, de una u otra forma, contribuyese a debilitar el poder británico. En *palazzo Venezia*, Gāndhī tuvo un breve y cordial encuentro con Mussolini, que tuvo con él una actitud deferente. En los días siguientes, el *Mahātmā* visitó Roma y la Ciudad del Vaticano, y pudo ver algunas realizaciones del fascismo en el campo social.

Arrestos, cárcel, ayunos, atentado fallido

El fracaso de la «Conferencia de la Tabla Redonda» tuvo algunas consecuencias desagradables. En India, en el Congreso, prevaleció la línea intransigente de la extrema izquierda. Pero también en el campo inglés la situación había cambiado profundamente. En el gobierno, huérfano de la presencia de los laboristas, prevaleció la línea de firmeza frente a las instancias autonomistas de los pueblos del imperio. A ello hay que añadir el cansancio de las masas que, agotadas por la crisis económica, y desmoralizadas por la represión, ya no estaban en condiciones de expresar la misma combatividad demostrada en el pasado. Cuando Gāndhī vuelve a India, el 28 de diciembre de 1931, Jawaharlal Nehru y los demás *leader* del Congreso ya hace dos días que han sido arrestados, y el *Mahātmā*, que ha proclamado la inmediata reanudación de la campaña de desobediencia civil y ha intentado inútilmente ser recibido por el Virrey, sigue la misma suerte el 4 de enero del año siguiente. La nueva campaña es débil y en julio de 1932 ya ha fracasado prácticamente. Los ingleses, convencidos de haber redimensionado definitivamente el peso político del Congreso, vuelven con su programa de reformas constitucionales, concediendo a musulmanes e «intocables» colegios electorales separados. Y esta decisión que gusta a los musulmanes, no disgusta a los *pariah*, pues les permite, si se lleva a efecto, mayor representación política. Pero desde la cárcel, Gāndhī se opone, y para bloquear la medida empieza el 20 de septiembre uno de sus memorables ayunos. No podía aceptar, el incansable defensor de los «intocables» que, con aquella medida, éstos se encontraran definitivamente fuera de la comunidad hindú. Pero he ahí que, tras cuatro días de ayuno total, el asceta se sintió mal. Aterrados por la idea de que el *Mahātmā* pueda morir a consecuencia del ayuno, Ambedkar, *leader* de los «intocables» y los hindúes ortodoxos, favorables a la medida inglesa, se aprestan a revisar sus posturas, acabando por aceptar el punto de vista de Gāndhī. La consecuencia de dicho cambio lleva a la decisión de renunciar, durante diez años, a la asignación a los «intocables» de secciones electorales separadas. Y con el acuerdo conseguido el 25 de septiembre, –denominado «Pacto de Jeravda» por el nombre de la cárcel donde está encerrado el agitador–, también se establece que ningún «intocable» deberá ser considerado como tal por nacimiento.

Gāndhī fotografiado con algunos de sus seguidores en los años treinta, decenio crucial de desobediencia civil, negociaciones con los ingleses, arrestos y ayunos.

Fortalecido por esta victoria, Gāndhī suspende el ayuno. Amenazando con volver a él con renovada determinación, cuando un año después, el 8 de mayo de 1933 declarará que a ningún «intocable» se le deberá impedir jamás entrar en los templos hindúes. Al saber de esta nueva iniciativa de ayuno, los ingleses le ponen rápidamente en libertad, sabedores de que la muerte del *Mahātmā* en la cárcel comportaría consecuencias políticas de incalculable gravedad. A pesar de la imprevista excarcelación, Gāndhī sigue con el ayuno durante veintiún días. A mediodía del 29 de mayo lo interrumpe oficialmente en el salón del palacio de Lady Thackeray, bebiendo un sorbo de zumo de naranja, que se le hace ofrecer -significativamente- por un niño de la calle «intocable». El 26 de julio, el indomable rebelde disuelve el *āśram* de Sabarmati, iniciando la «desobediencia civil individual». El 31 de julio es arrestado de nuevo en Bombay y puesto en libertad el 1 de agosto. Sufre otro arresto en Poona, el día 4, y se le condena a un año de reclusión. El 16 empieza, en la cárcel, otro ayuno por los «intocables». Enferma, y el día 20 es llevado al hospital para ser después puesto en libertad vigilada el 23. A pesar de ello, Gāndhī declara que pretende considerarse preso político hasta el vencimiento de la pena, es decir hasta agosto de 1934.

Libre por enésima vez de la cárcel, no retoma la vía política como en otras ocasiones; esta vez prefiere dejar actuar sin interferencias a Jawaharlal

Una imagen de Gāndhī en los años treinta, en la época
de los ayunos contra la discriminación de los «intocables».

Un grupo de *pariah*, «intocables», en los años veinte del mismo siglo. Gāndhī los rebautizó como *harijan*, hijos de Dios, y así tituló su revista, fundada en 1933.

Nehru que, mientras tanto, se había acercado a sus posiciones, diluyendo un tanto el extremismo inicial. Éste acaba por convertirse en el más estrecho colaborador del *Mahātmā* y, en la práctica, en su delfín, en quien ha de recoger la herencia. Gāndhī le confía la dirección del Congreso y, el 8 de noviembre de 1933, empieza una larga peregrinación a través de la India para preconizar la eliminación total del prejuicio milenario ligado a los *harijan*, los «hijos de Dios», como él había denominado a los *pariah*, los «intocables», con el objetivo de librar de una vez por todas a una gran masa de indios de ese insoportable signo de infamia. Para sustituir «*Young India*», que había sido suprimida en 1930, en febrero había fundado una revista a la que llamó, precisamente, «*Harijan*».

Reducida desde hacía tiempo a su mínima expresión la campaña para la desobediencia civil de las masas, se suspendió oficialmente el 7 de abril de 1934. Mas no todos comparten las decisiones y las opciones políticas del *Mahātmā* en defensa de los *harijan*: el 25 de junio, en Poona, mientras Gāndhī se dirige, con una comitiva de automóviles, hacia el municipio para asistir a un acto público, un extremista lanza una bomba contra el coche en el que creía que se encontraba el *Mahātmā*, causando heridas a siete personas. Gāndhī, que viajaba en el coche de detrás, sale completamente ileso del dramático incidente. Es el primer atentado contra su vida.

El sistema de castas

Desde los tiempos más antiguos, la población india está estructurada en castas. Se trata de un sistema rígido que sitúa a cada individuo en un orden jerárquico, sagrado e inmutable. La pertenencia a una casta, denominada *jāti* «nacimiento», está ligada a la ley del *karma*: el hombre, en su existencia ultraterrena, puede habitar entre los dioses o entre los demonios, mas cuando vuelve a la tierra está destinado a nacer dentro de una casta o bien en forma no humana. Oponerse a este destino significaría hacer pedazos el orden mismo del universo, mientras que aceptar todos los deberes de casta asegura un mejor renacer o hasta la liberación del ciclo de las reencarnaciones. Las cuatro castas tradicionales, nacidas probablemente en la época de las invasiones arias de la India, las constituyen sacerdotes, guerreros, campesinos y siervos. Dentro de esta estructura principal se articulan las subcastas, casi tres mil categorías de oficios surgidas poco a poco en el curso de la historia con el progresivo desarrollo de la división de las actividades laborales. Para cada hombre, su pertenencia a una casta determina reglas de vida y de comportamiento. La posición social más elevada está ocupada por los sacerdotes, los *brāhmana*, intermediarios entre los textos sagrados y los fieles; que tienen la tarea de celebrar los ritos y los sacrificios. Gozan de notables privilegios, transmitidos por vía hereditaria, entre ellos el derecho a recibir bienes y ofrendas; pero, al mismo tiempo, tienen

obligaciones severas y vinculantes. El primer deber, entre todos, el de la no violencia (*ahimsā*), que les prohíbe destruir cualquier forma de vida, imponiendo una alimentación rígidamente vegetariana. Pueden casarse, pero sólo con una mujer de la misma casta. En un escalón inferior se sitúa la casta de los guerreros, los *ksatriya*, a la que pertenecen reyes y nobles; «los brazos de la nación». Por el contrario, «las piernas de la nación» las constituye la tercera casta, la de los agricultores-comerciantes, guardianes del ganado, los *vaisya*. Le sigue la última casta, la de los trabajadores corrientes, «los pies de la nación», los *sūdra*, «carentes de gloria y débiles de fuerza», probables descendientes de las poblaciones autóctonas, colonizadas por los antiguos invasores arios. Según un antiguo texto sagrado, estas cuatro clases brotaron –en los orígenes– de la boca, de los brazos, de los muslos y de los pies del hombre cósmico. Fuera del sistema de castas se hallan, por último, los *pariah*, los rechazados, los «intocables» (*asprisya*), considerados impuros y obligados a vivir en una situación miserable de penoso aislamiento. Los *pariah* no pueden acercarse a los textos sagrados, ni entrar en los templos, ni rozar, siquiera con la mirada, a los que pertenecen a castas para no contaminarles. Gāndhī se opuso con fuerza a su discriminación, logrando la igualdad jurídica para ellos. Actualmente, la constitución india ha abolido el sistema de castas. Pero su tradición sigue viva y presente, sobre todo en las aldeas y el campo, donde la modernización aún está lejana.

Página contigua: un bramín recogido en oración a orillas del Ganges.

Arriba: un «intocable» exponiendo su mercancía. Derecha: un bramín leyendo textos sagrados rodeado de discípulos.

Vanas esperanzas de independencia

Con testarudez británica, Londres decide convocar una tercera sesión de la «Conferencia de la Tabla Redonda» que, obviamente, no podía tener consistencia alguna, al no asistir los representantes del Partido del Congreso. Además, los conservadores de derecha hicieron cuanto pudieron para retrasar lo más posible la aprobación del *India Bill* (también llamado *India Act*), la medida que transformaba en ley las reformas propuestas en su momento por la «Comisión Simon». Winston Churchill era uno de los más irreductibles adversarios de la independencia india. El *India Bill* no se aprobó hasta 1935. La reforma introducía un sistema federal que entró en vigor en 1937, a pesar de la oposición del Congreso y, a continuación, también de los *mahārājā*. Las elecciones políticas generales de 1937 se saldaron con la clara victoria de los hindúes frente a los musulmanes, como era lógico esperar dada la composición de la población. Los hindúes habían conquistado ocho provincias sobre once, y ello no haría sino agrandar el abismo entre las dos comunidades, que en 1947 llevaría a la dramática división del país en dos estados independientes, y a los graves actos de violencia que seguirían.

En noviembre de 1933, Gāndhī, excarcelado, había empezado a recorrer India promoviendo la emancipación de los «intocables». Su discurso se había ampliado a la emancipación de la mujer y a la prohibición del uso del alcohol. En 1935, Patna, una gran ciudad a orillas del Ganges, al este de Benarés, sufre un violento terremoto que provoca un gran número de víctimas. Gāndhī se prodiga para promover las ayudas. En línea con sus experiencias positivas anteriores, organiza un nuevo

Gāndhī, en *khādī* y sandalias, dirigiéndose a un público atento, con mayoría de mujeres.

El *Mahātmā* a la entrada de su casa, en Bombay, junto a algunos miembros del partido nacionalista. El segundo a su izquierda es Jawaharlal Nerhu.

āśram en Segaon, junto a Wardha, en el centro de India. Desde allí dedicará todos sus esfuerzos a la educación popular, tanto en el campo de la instrucción elemental como en el del trabajo manual y la higiene.

Los periodos de alejamiento de la vida política le servían al *Mahātmā* para no perder el contacto con las masas, y con sus auténticas necesidades. A través de este contacto, él volvía a encontrar el entusiasmo y las energías físicas y morales para continuar la lucha. No es que hubiese cortado con la política, pues se mantenía informado de cuanto ocurría en el Congreso. La izquierda estaba dirigida por los jóvenes Jawaharlal Nehru y Subhas Chandra Bose, ambos ideológicamente situados en posiciones socialistas. Gāndhī había optado por el primero. Su instinto le decía que el joven Nehru podía ser el continuador de su obra. Y no se equivocaba, a la vista del papel que desarrollaría después en India el hijo de Motilal. Había tomado aquella decisión porque consideraba que Jawaharlal, menos intransigente y más dúctil políticamente en una situación en que los compromisos eran indispensables para que no degenerase en una crisis sin salida.

El *Mahātmā* no se arrepintió nunca de aquella elección, y siempre que el joven Nehru se encontró en dificultades corrió a ayudarle. Situado en condiciones de dirigir todo el Congreso, Gāndhī tuvo que mediar continuamente para conseguir las mayorías necesarias para las decisiones a tomar. Cuando, a fines de los años treinta, se vio claro que se iba hacia una nueva guerra, Nehru, a pesar de negar su colaboración al gobierno británico, se mantuvo alejado de las posturas extremas de Bose, y condenó repetidamente, en beneficio de los ingleses, la política del Tripartito. Cuando en enero de 1939 Bose fue elegido presidente del Congreso, Gāndhī intervino rápidamente y, tras conseguir una nueva reunión del partido, en marzo en Tripuri, logró que se confirmara su línea anterior. Bose, autor de la alianza con el Tripartito, cuyo objetivo era expulsar rápidamente a los ingleses de India, tuvo que dimitir. Cuando estalló la guerra, Bose abandonó India y se puso abiertamente de parte de los japoneses, que era lo que había propuesto que hiciera también el Congreso. De los japoneses recibió el encargo de organizar y dirigir el denominado *Indian National Army* (Ejército nacional indio). Fue nombrado primer ministro del llamado «Gobierno provisional de la India libre». Murió en 1945 en un accidente aéreo, lo que le ahorró los procesos por colaboracionismo que caracterizaron la etapa posbélica.

Abajo: Jawaharlal Nerhu, primer ministro indio de 1947 a 1964.
Derecha: Winston Churchill, fiero opositor a la independencia de India, en una foto de fines de los años treinta.

Página contigua: miembros del gobierno indio en septiembre de 1939. De izquierda a derecha, Chandra Bose, Jagjivan Ram, Rajendra Prasad, Sardar Vallabhbhai Patel, Asaf Ali, Jawaharlal Nerhu y Ali Zahee.

Leal con el Imperio en el huracán de la guerra

La que sería la Segunda guerra mundial empezó el 1 de septiembre de 1939 y, durante mucho tiempo, estaría circunscrita a Europa y el norte de África. Para India, la guerra era algo lejano, y, en un principio, suscitó escaso interés. Las relaciones entre el Congreso y las autoridades inglesas empeoraban cada vez más. A ello también había contribuido el comportamiento del Virrey, lord Lightgow, que había anunciado la entrada de India en la guerra, el 3 de septiembre, sin siquiera sentir necesidad de una consulta, aunque sólo fuese formal, con las autoridades políticas indias. Desde el punto de

vista jurídico, la decisión era inatacable, pero ahí estaba el gesto con su carga negativa. Para Nehru, y para la mayoría de los miembros del Congreso, la guerra parecía un choque imperialista, entre el nazismo «agresor» y las «reaccionarias» Francia y Gran Bretaña. La organización de los nacionalistas indios había publicado un manifiesto en el que se afirmaba que, mientras durase el *status quo*, India nunca ayudaría a los ingleses en

guerra: ello sólo habría sido posible en el caso de que aquélla hubiese tenido un gobierno emanado de un parlamento elegido libremente por el pueblo. En ese sentido, el Congreso había enviado una petición a los «Aliados», redactores de la «Carta atlántica», un documento basilar por su reclamo al concepto de autodeterminación de los pueblos que contenía. Mas ésta no era la postura de Gāndhī. Siempre sensible a los problemas morales, la petición contradecía su notoria lealtad hacia las instituciones inglesas, y además le parecía un chantaje innoble. Pero para no violentar a Nehru, en un momento muy delicado para él, acabó por no oponerse a la petición. A este propósito, cabe recordar que también Nehru era contrario a la reanudación de la lucha en semejante momento. El *pandit* pensaba que el ejercicio de la desobediencia civil habría transformado, a los indios en aliados de los nazis.

Con la invasión alemana de Francia en mayo de 1940, la situación de la guerra en Europa tomó peor cariz para los ingleses, y Winston Churchill intentó movilizar todos los recursos disponibles. Ofreció la independencia a India cuando acabase la guerra, pero el Congreso respondió exigiéndola inmediatamente, con el traspaso de poderes a un gobierno provisional compuesto íntegramente por indios. Churchill no está de acuerdo y el Congreso contesta retomando la campaña para la desobediencia civil. Gāndhī anuncia el plan al Virrey el 15 de octubre de 1940. El *Mahātmā* declara haber dado instrucciones a casi un millar de hombres del Congreso para que pronuncien discursos contra la guerra, al objeto de provocar su propio arresto. Los hombres más señalados empiezan a pronunciar los discursos programados, y los ingleses reaccionan arrestándoles y condenándoles en masa. Entre otros, también acaba en la cárcel Jawaharlal Nehru, antes incluso de llegar a pronunciar una palabra del discurso previsto. Se le condena a cuatro años de reclusión por unas declaraciones efectuadas en los primeros meses del año. Los arrestos se suceden, y en mayo de 1941 son cerca de quince mil las personas recluidas en cárceles.

La campaña de desobediencia civil siguió durante casi un año; luego, al acercarse la posibilidad de un conflicto con Japón, los ingleses, en su intento de mejorar las relaciones con la población, decidieron conceder una especie de amnistía y empezaron a excarcelar a los detenidos. Nehru salió libre el 3 de diciembre de 1941. Cuatro días después, los japoneses, con su ataque sorpresa a la flota americana fondeada en Pearl Harbour, en Hawaii, dan comienzo a un espectacular *blitzkrieg* en el Pacífico. Inglaterra, con el agua al cuello, manda a India en misión, en marzo de 1942, a sir Stafford Cripps, a negociar la cuestión de la independencia. Pero la negociación fracasa, porque Inglaterra no está dispuesta a abandonar India aceptando que su defensa sea asumida por un eventual gobierno provisional local. La contraseña que se gritaba a la sazón era *Quit India!* (¡Dejad la India!), exhortación extraída de un escrito de Gāndhī sobre «*Harijan*» de abril de 1942, y que también era el nombre del movimiento creado a ese propósito para publicitar dicho objetivo.

Pero Churchill, inamovible, se decide por el puño de hierro. Se encarcela de nuevo a Nehru y a los demás jefes del Congreso. Incluso arrestan y encarcelan a Gāndhī y a su mujer, Kasturba. Permanecerán detenidos casi dos años, junto a otras personas, en el palacete en ruinas del Aga Khan en Poona. Gāndhī fue recluido el primero, el 9 de agosto; su mujer se le unió inmediatamente, tras haber intentado pronunciar, a toda costa, un discurso público en Bombay, con la intención deliberada de hacerse arrestar. Kasturba enfermará gravemente y morirá, estando detenida, el 22 de febrero de 1944. Tenía setenta y cuatro años, y en las interminables jornadas de detención, Gāndhī se entretenía dándole clases de geografía y de lengua *gujarātī*, sin mucho éxito, al menos aparentemente.

Tras la muerte de su mujer, Gāndhī también enfermó de malaria unas semanas, y fue excarcelado el 6 de mayo del mismo año. Era la última vez que el gran rebelde sufría la humillación de la cárcel. Entre Sudáfrica e India había pasado 2 338 días detenido, casi seis años y medio.

La participación india en la guerra se puede resumir en las siguientes cifras: suministro del 60% de los materiales solicitados (porcentaje que después subió al 75%) al Comité logístico del grupo oriental de las fuerzas aliadas (ente constituido inmediatamente después de Pearl Harbour), y llamada a armas de casi dos millones de hombres, equivalentes al 2% de la población adulta. Había sido un esfuerzo significativo. Al final del conflicto, Churchill emitió un juicio extremadamente positivo del comportamiento indio en la guerra, subrayando la valiosa colaboración y el comportamiento de camaradería mantenido con las tropas inglesas en Oriente Medio, Egipto, Etiopía y Birmania.

Soldados indios llegando a Srinagar para combatir contra Pakistán por la posesión de la región de Cachemira, en un conflicto surgido junto a ambos países.

Marchan los ingleses, pero Pakistán se separa

La Segunda guerra mundial acababa con la victoria de los «Aliados», pero la tragedia que había respetado a la India durante el conflicto estaba por llegar en el momento de la paz. En julio de 1945, en Inglaterra, las elecciones habían sido ganadas por los laboristas, siempre favorables a la independencia de India. El gobierno dirigido por el *premier* Clement Atlee, estaba decidido a conceder la emancipación a los pueblos del imperio. Pero la reanudación del conflicto entre hinduístas y musulmanes vino a complicar las cosas. La hipótesis de la partición del país en dos estados se había delineado ya desde septiembre de 1944, cuando, fracasado el intento de Gāndhī por llegar a un entendimiento con Mohamed Ali Jinnah, *leader* de la Liga musulmana, la fractura parecía irremediable. Gāndhī nunca había querido aceptar una solución semejante al problema y, contra ella, había luchado hasta extenuarse, pero sin éxito.

El imperio inglés dejó de existir oficialmente el 15 de agosto de 1947, precedido por los terribles desórdenes de Calcuta que, en cuatro días, causaron cuatro mil muertos y cerca de diez mil heridos. En su lugar surgieron dos estados soberanos: la Unión India, de población mayoritariamente hindú, y

India y Pakistán, una escisión dramática

Con la rendición de Japón, el 2 de setiembre de 1945, acababa la Segunda guerra mundial en el frente asiático y empezaba para India la larga espera por la independencia. Ésta llegó finalmente el 15 de agosto de 1947, pero el precio pagado en dos años de espera fue muy alto. Vino a complicar las cosas el problema de los musulmanes dirigidos por Mohammed Ali Jinnah, cuya línea política se basaba en la idea de un estado separado. Gāndhī, absolutamente contrario a dicha opción, había intentado inútilmente llegar a un acuerdo con aquél. El precio de la independencia de India debía ser pagado necesariamente con la división del país. Para solucionar el problema, el primer ministro británico, Atlee, había nombrado el último Virrey de India en la persona de Lord Mountbatten. Ante las dudas de Mountbatten, Jinnah anunció una «acción directa» para lograr la constitución de Pakistán. Como consecuencia de esta declaración, se produjeron en Calcuta desórdenes que duraron cuatro días y que se recuerdan como «La gran masacre de Calcuta». Hubo cuatro mil muertos y diez mil heridos.

Entre hindúes y musulmanes tuvieron lugar feroces enfrentamientos, con episodios de una violencia espeluznante. La partición fue inevitable.

Pakistán, mayoritariamente musulmán. El segundo presenta una característica que lo hace único en el mundo entre los estados modernos: está dividido en dos vastos territorios a centenares de kilómetros de distancia uno de otro. Gāndhī, descontento por el decepcionante resultado, tan contrario a sus expectativas, no toma parte en los festejos que, por otra parte, no duran mucho, porque pronto afloran los nudos dramáticos de la forzada partición. La división geográfica del ex «Imperio inglés de las Indias» ha incluido, en ambos territorios, grandes minorías religiosas. Con ese motivo, comienza un éxodo de dimensiones colosales, pues más de seis millones de emigrantes se ponen en camino, de una parte a otra. Unos para llegar a zonas de confesión religiosa hinduista, otros a zonas de confesión religiosa musulmana. Tragedia en la tragedia, casi un millón de personas perecerán en los estragos y masacres que acompañarán este éxodo bíblico. Por ironías de la suerte, India, que había logrado la independencia casi sin infligir golpe alguno al dominador extranjero, derramaba ahora sangre, en una absurda guerra de religión que parecía ir a durar mucho. En efecto, la oposición entre hinduistas y musulmanes se proyectará, con consecuencias dramáticas, hasta el futuro. La lucha con Pakistán desde octubre de 1947 por la región de Cachemira, concluye en enero de 1949 con la victoria de India, que se anexiona casi todo el territorio disputado. La guerra se reanudará el 1 de septiembre de 1965 para concluir el 23 con una nueva victoria de India. Además, el 3 de diciembre de 1971, en apoyo de las fuerzas de Bengala que luchaban por separarse de Pakistán, India intervino militarmente y, de nuevo victoriosa, impuso la creación del Estado de Bangla Desh, sobre las cenizas del Pakistán oriental anterior. A todo ese ha de añadirse que, en 1961, mediante una acción de fuerza, el ejército indio había penetrado en el territorio de Goa, defendido por casi tres mil soldados portugueses, y lo había anexionado a la Unión, poniendo así fin al colonialismo en India. De hecho, los establecimientos franceses habían cesado de existir en 1954 como territorios sujetos a la soberanía de Francia.

Ante este espectáculo de violencia, tras haber luchado inútilmente por poner fin al odio, Gāndhī comienza, en diciembre de 1947, su enésimo ayuno «hasta la muerte». Lo inicia en Delhi, donde los prófugos hindúes, llegados del Punjab, aterrorizaban a la minoría musulmana que permanecía en la ciudad. Hacía el número veinte desde que había emprendido su misión, y Gāndhī lo alargará hasta el momento en que los jefes de las organizaciones de prófugos se presentaron, llorando, al lado de su yacija, para deponer las armas y suplicarle que acabase con su protesta.

Gāndhī asesinado en Delhi

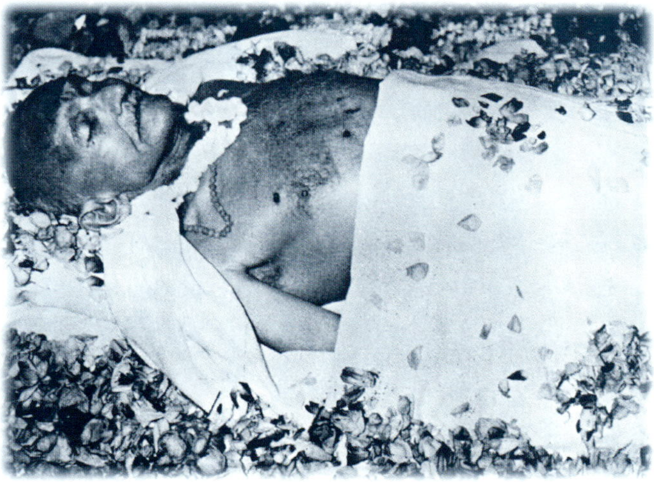

El cuerpo de Gāndhī preparado antes de la incineración.

Las palabras de paz que pronunciaba Gāndhī para favorecer el cese de la lucha entre hindúes y musulmanes no podían gustar a los extremistas hindúes, que veían en ellas un signo de debilidad frente a sus rivales tradicionales. En enero de 1948, tras su anuncio de querer emprender un nuevo ayuno, tomó cuerpo entre los intransigentes la idea de asesinarle. El primer intento falló. El día 20, un ingenio rudimentario, al que debía seguir un denso tiroteo y el lanzamiento de bombas de mano, estalló en un solar contiguo a su vivienda. Gāndhī solía reunirse en oración, con los fieles, casi todos los días, y la explosión, a la que no siguió nada de lo confusamente previsto, no produjo efectos. El autor del atentado fue detenido, pero la inercia -no la complicidad- de la policía no permitió el desmantelamiento de la organización terrorista, que volvió a intentarlo diez días después, esta vez con éxito. A última hora de la tarde del 30 de enero de 1948, Gāndhī bajó al jardín de la casa que lo hospedaba, la «*Birla House*», de Delhi, apoyándose en dos de sus jóvenes descendientes. Tenía 78 años y se movía con dificultad. En espera de su llegada, se habían reunido para la oración unos cientos de fieles. En un segundo, un joven alto y corpulento separa la multitud y se aproxima. Lleva las manos juntas, en signo de oración, a la altura de la frente.

Unos pasos más y las manos se dirigen al *Mahātmā*, como para una ofrenda. De las palmas surge un arma, corta y plana, que dispara tres tiros en rápida sucesión. Gāndhī se desliza lentamente a tierra, como si quisiese sustraerse al abrazo de las mujeres. Sólo logra decir «*Hey Ram*», «*Hey Ram*», «Dios mío», «Dios mío», la invocación a Rama aprendida de niño, que la nodriza le había recomendado repetir en cualquier circunstancia. Un pequeño sol despunta sobre el *dhotī* inmaculado a la altura del tórax y comienza a agrandarse vertiginosamente. La rueda del destino se ha detenido. Gāndhī, la «Gran Alma», ha muerto.

Página contigua: una aldea de Cachemira devastada por la guerra indo-pakistaní.

Arriba: el cofre con la urna donde se recogieron las cenizas de Gāndhī. Los restos del *Mahātmā* se dispersaron después en las aguas, en la confluencia de los tres ríos, Ganges, Yamuna y Saraswati.

Por qué fue asesinado Gāndhī

El asesinato de Gāndhī no fue la acción espontánea de un extremista aislado, sino el resultado de una conjura preparada y realizada pacientemente. En Puna se publicaba un diario *marāthī*, «*Hindu Rastra*» –con posiciones de encendido nacionalismo– que prometía el renacer hindú. Se oponía a la partición de India desde posiciones profundamente hostiles a los musulmanes. El director y el administrador del periódico eran, respectivamente, Nathuram Godse y Narayan Apte. Eran hombres desencantados y frustrados. La partición de India, contra la que habían luchado con todas sus fuerzas, había desatado en ellos una rabia ciega. Godse cultivaba el mito de la pasada grandeza de India, y consideraba que ésta debía pertenecer sólo a los hindúes. Se enfurecía leyendo los episodios de la invasión musulmana, y no toleraba la dominación inglesa. Había conocido a Apte, un maestro de escuela, en Puna, y juntos habían fundado un diario llamado «*Agrani*», convertido después en «*Hindu Rastra*». La decisión de asesinar a Gandhi se había tomado en agosto de 1947, en el momento de la partición del país, porque Godse y Apte consideraban que Gāndhī tenía responsabilidad en el tema, tanto por la política sumisa frente a los musulmanes como por su continua búsqueda de la pacificación. La decisión definitiva de asesinar al *Mahātmā* se tomó el 12 de enero, apenas se conoció la noticia de su voluntad de ayunar de nuevo hasta la muerte, algo que Gāndhī había decidido para favorecer la concesión a Pakistán de 550 millones de rupias por parte del gobierno indio.

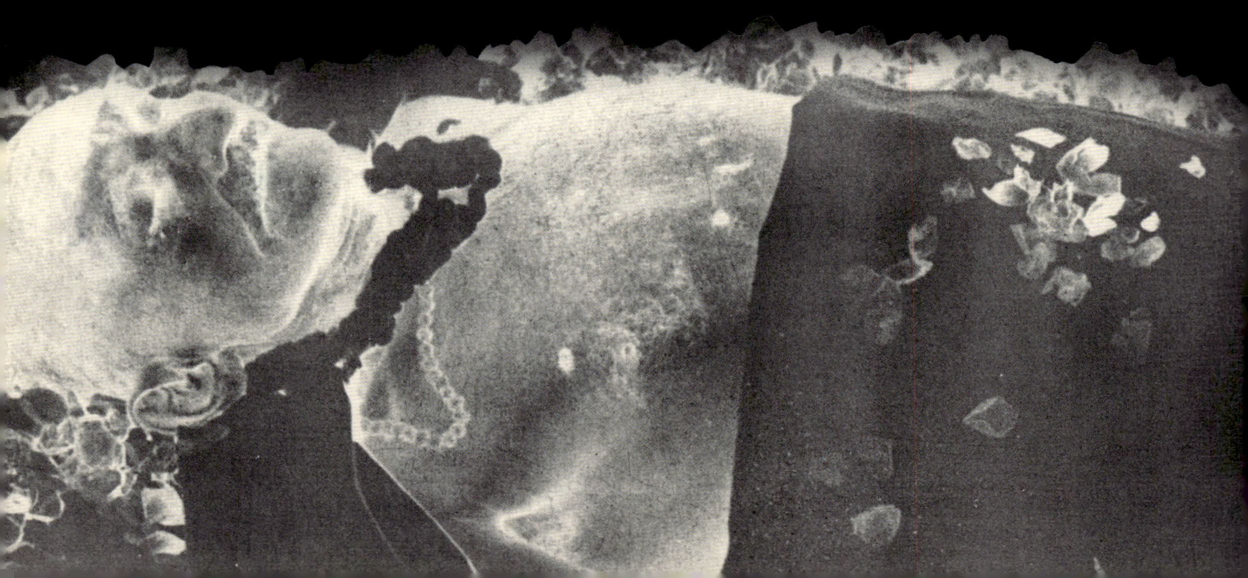

El problema era cómo encontrar un arma fiable, de pequeñas dimensiones, útil para la tarea. Lo resolvió uno de los conjurados, Dattatraya Parchure, que compró una por 500 rupias en el mercado negro. Se trataba de una pistola militar italiana, una Beretta modelo 35 calibre 9 corto, que el ejército italiano tenía en dotación desde la segunda mitad de los años treinta. Era el arma ideal: minúscula y, al tiempo, precisa y letal. Esta pistola tenía historia: pertenecía a un oficial italiano que, durante la Segunda guerra mundial, en el norte de África, se la había entregado a un inglés en el momento de rendirse. Éste, trasladado después a India, se había desecho de ella y el arma había acabado en el mercado negro. Cuando se supo en Italia que Gāndhī había sido asesinado con una Beretta, los talleres y la fábrica de Val Trompia se cerraron en un doloroso silencio. Según los propietarios, aquella noticia había sido una de las peores para la célebre fábrica de armas en su larga historia. El proceso comenzó en el *Red Fort* de Delhi el 27 de mayo de 1948. Los imputados eran ocho, y las acusaciones iban desde el homicidio hasta la violación de las leyes sobre la tenencia de explosivos. Nathuram Godse y Narayan Apte fueron condenados a muerte, mientras los otros eran deportados de por vida, a excepción de Vinayak Savarkar, el ideólogo del grupo, que fue absuelto a pesar de ser durante mucho tiempo sospechoso de haber ordenado el asesinato. Godse y Apte fueron ahorcados en Ambala, localidad a unos doscientos kilómetros al norte de Delhi. Sus cuerpos fueron incinerados en la cárcel. El terreno donde se erigió su pira fue luego arado para impedir que alguien recogiese las cenizas con ánimo de conservarlas como reliquia. Fueron esparcidas en secreto en el río Ganges, para que de los conjurados no quedase ni el recuerdo.

Arriba: los imputados en el asesinato de Gāndhī durante el proceso.

Encima: una de las tres balas que mataron a Gāndhī.

Teoría y praxis del satyāgraha

«Sólo cuando hube agotado todos mis recursos – en el sentido de esfuerzos humanos– y comprendido mi total impotencia, recosté mi cabeza en el pecho de Dios». Estas palabras de Gāndhī explican el significado profundo del satyāgraha *que, según el* Mahātmā, *no es sino el total abandonarse a la voluntad divina.*

La búsqueda de la verdad

El *Āśram del satyāgraha*, según el pensamiento de Gāndhī, expresado en *From Yeravda Mandir*, existe y tiene un sentido en el límite en que busca y practica la verdad. El *āśram* es la comunidad religiosa que reúne a cuantos deciden dedicar su vida a este noble fin. La palabra *satya*, verdad, deriva de *sat*, que significa «ser». Nada existe en la realidad fuera de la verdad, porque *sat*, es decir, «verdad», también es el apelativo más importante de Dios. En efecto, es más correcto decir que la verdad es Dios, más que lo contrario, que Dios es la verdad. Pero, como no podemos olvidarnos de soberanos y generales, otros nombres de Dios como «Rey de Reyes» y «Omnipotente» han quedado en el lenguaje común. Mas, reflexionando, se entiende que *sat* o *satya* sea el único nombre exacto y el más significativo de Dios. Allí donde hay verdad, hay conocimiento de lo verdadero. Allí donde hay mentira, no puede haber conocimiento verdadero. Por eso -según Gāndhī- la palabra *chit* (conocimiento) está asociada al nombre de Dios. Y allí donde hay conocimiento verdadero siempre hay santidad (*ānanda*). No hay lugar para lo desagradable. Y como la verdad es eterna, la santidad que de ella driva lo es también en la misma medida. «Por consiguiente -escribe el *Mahātmā*- Dios es para nosotros *Sat-chit-ānanda*, es decir, aquel que aúna en sí verdad, conocimiento y santidad. La devoción a esta verdad es la única justificación de nuestra existencia. Todas nuestras actividades deben proceder de la verdad. La verdad debe ser el aliento mismo de nuestra vida. Una vez alcanzada esta etapa en el camino del creyente, todas las normas de una manera de vivir correcta seguirán sin esfuerzo y su aplicación será natural». Mas, sin verdad será imposible adherirse a los principios y observar las reglas. En la acepción común, se piensa que la observancia de la ley de la verdad consista simplemente en decir la verdad. Pero en el *āśram* hay que atribuir a la palabra *satya* un significado mucho más amplio. Hace falta que la verdad esté en el pensamiento, en el discurso y en la acción. El hombre que ha entendido esta verdad en su plenitud no necesita saber nada más, pues en ella está comprendido necesariamente todo conocimiento. Lo que no esté comprendido no es verdad ni, en consecuencia,

Decepcionado, Gāndhī deja la Conferencia de Simla en julio de 1945. La mediación inglesa para recomponer la fractura entre las fuerzas políticas indias había fracasado.

Célebre episodio del *Mahābhārata* en el que se desviste a Draupadi, extraído de una antigua edición del poema (1765 aprox.); colección particular.

conocimiento verdadero. Y no puede haber paz interior sin conocimiento verdadero. Si el hombre aprende a aplicar este método infalible de la verdad, podrá comprender inmediatamente qué es lo que vale la pena hacer, qué es lo que vale la pena ver y qué es lo que vale la pena leer.

Mas, ¿cómo tomar conocimiento de esta verdad –se pregunta Gāndhī– que podría compararse a la piedra filosofal o al cuerno de la abundancia? A través de la perseverancia en la devoción (*abhiasa*) y la indiferencia hacia todos los demás intereses de la vida (*vairagya*)... responde el *Bhagavadgītā*, un poema venerado integrado en el *Mahābhārata* que, junto al *Rāmāyana*, constituye el cuerpo significativo de aquellos grandes poemas épicos denominados en el hinduismo *Smriti* o sea, «lo que se ha recordado». El *Mahābhārata*, escrito en hacia 500 a. C. Por Wyāsa, el Homero de los hindúes, es un relato de las guerras de la Casa de los Bharata. Comprende una parte llamada *Bhagavadgītā*, el «*Canto del Beato*», que es un poema venerado por casi todos los hindúes y constituye el corazón de la fe hindú. Es célebre por el diálogo entre Arjuna, héroe del poema, y Krishna, encarnación de Vishnu, su amigo y áuriga. Estamos en la vigilia de la batalla fatal de Kurukshetra en la que los pandava se enfrentarán a los kaurava en una lucha mortal. Arjuna, conocedor de que la victoria comportará la muerte de todos sus parientes y amigos alineados en el campo adversario, no querría usar las armas sino ofrecerse inerme a la espada del enemigo. Krishna le reprocha, invitándolo a seguir la voluntad de Dios sean cual sean las consecuencias, y acaba por convencerlo para que entre en batalla. El *Bhagavadgītā* consta de 700 versos, divididos en 18 capítulos o discursos.

El *Rāmāyana*, otro gran poema épico compuesto entre 200 a. C. y 200 d. C, consta de veinticuatro mil dísticos y cuenta la historia del príncipe Rāma, de su forzada abdicación como heredero real, de su exilio en el bosque con su mujer, Sita, y su hermano Lakshmana, del rapto de Sita a manos del malvado demonio Ravana y de su liberación. Se cree que Ravana simboliza la ambición y la avidez lujuriosa, que acaba por trastornar el orden cósmico y la santidad de la mujer y de la familia.

Gāndhī había leído el *Bhagavadgītā*, por primera vez y de manera completa, en Inglaterra, en torno a 1889, en la versión inglesa de sir Erwin Arnold, y se lo habían aconsejado dos hermanos teosóficos.

Éstos también le habían aconsejado leer *The Light of Asia* (La luz de Asia), del mismo Arnold. Gāndhī siempre consideró estos dos textos, junto al *Sermón de la montaña* de los Evangelios, fundamentales para su formación religiosa. En aquel periodo, Gāndhī, lleno de curiosidad por toda manifestación cultural de tipo religioso, se había interesado por la teosofía (divina paciencia), una concepción religiosa desvinculada de las religiones existentes, aunque vea en éstas otras tantas manifestaciones equivalentes de la misma voluntad de relación recíproca entre Dios y los hombres. La Sociedad Teosófica había sido fundada en 1875 en Nueva York. Elena Petrovna Blavatskij, una aristócrata rusa, era una de sus representantes más autorizadas. El pensamiento teosófico estaba muy influido por el hinduismo, con el que compartía la fe en la reencarnación de las almas. Unos amigos habían presentado a Gāndhī a la señora Blavatskij y le habían invitado a unirse a la Sociedad Teosófica. Mas él había declinado la invitación, aduciendo como pretexto que, no habiendo profundizado aún en el conocimiento de su religión, le parecía inoportuno formar parte de otras instituciones religiosas.

Volviendo sobre el tema gandhiano de la verdad, puede ocurrir que –a pesar de la metodología de investigación antes indicada- lo que aparece como verdad a los ojos de uno pueda parecer mentira a los de otro. Cuando la actitud es honesta –afirma el asceta con una bella analogía- se constatará que verdades en apariencia diferentes son, en realidad, comparables a las innumerables y aparentemente distintas hojas de un mismo árbol. ¿Dios mismo no aparece, quizás, a hombres diferentes en formas distintas? Y sin embargo los hombres saben que él es único. Mas, «verdad» es el término que indica correctamente a Dios. Por ello, no es malo que cada hombre busque la verdad conforme a su iluminación. En realidad, ese es su deber. Por tanto, si en la búsqueda de la verdad comete un error, éste será reparado automáticamente, pues la búsqueda de la verdad comporta el *tapas*, es decir, la aceptación del sufrimiento, a veces hasta la muerte. Ésta no deja lugar a la mínima partícula de interés personal. En el curso de una búsqueda semejante de la verdad, nadie puede permanecer mucho tiempo desorientado. Por eso, quien se encamina por una senda mala, pronto se halla reconducido a la vía recta. Por consiguiente, la búsqueda de la verdad es la verdadera *bhakti* (devoción). Es el camino que conduce a Dios. No deja espacio ni al cansancio ni a la derrota. Es el talismán gracias al cual la misma muerte se convierte en la puerta de la vida eterna. En este marco, valdrá la pena reflexionar sobre la vida y las obras de Harishchandra, Prahlad, Rāmāchandra, Īmām Hasan, Īmām Hussein y los santos cristianos.

Harishchandra era un rey mítico que renunció al reino para buscar la verdad y realizó los oficios más humildes. Gāndhī conoció su historia cuando, de niño, asistió al espectáculo de una compañía teatral que había puesto en escena su hazaña. Y la historia le había conmovido hasta el punto que no se cansaba de ver el espectáculo. «¿Por qué todo el mundo no es leal y fiel como Harishchandra?» se preguntaba el pequeño «Mohan». «Perseguir la verdad y superar todas las pruebas a que fue sometido Harishchandra, este era el gran ideal que me inspiró aquella representación. Me creía al pie de la letra la historia de Harishchandra. Sólo pensar en ella me hacía a menudo llorar. El buen sentido me dice hoy que Harishchandra nunca ha podido ser un personaje histórico». Esto escribía Gāndhī en su autobiografía, cuya redacción había empezado en prisión, en Yeravda, en 1923, y confesaba que la lectura de aquel texto aún hacía nacer en él, a pesar de sus cincuenta y cuatro años, la misma emoción de antes.

A Gāndhī también le gustaba inmensamente la historia de Prahlad, que desafió a su padre, herético, y demostró la existencia de Dios, que se apareció de improviso ante ellos. «¿No sería hermoso que, como ellos, todos nosotros, jóvenes o viejos, hombres o mujeres, consagrásemos a la verdad todos nuestros actos, durante nuestras horas de vigilia, se trabaje, se coma, se beba o se disfrute, hasta la disolución de nuestro cuerpo y a la fusión de nosotros mismos con la verdad? Dios entendido como verdad ha sido para mí un tesoro inestimable; que pueda ser lo mismo para cada uno de nosotros», concluye el *Mahātmā*, cerrando sus consideraciones sobre aquellos héroes fascinantes de la mitología hindú.

Página contigua: miniatura con Krishna y la pastorcilla Radha (1645 aprox.); Londres, Victoria and Albert Museum.

Abajo: pintura que representa un episodio del *Rāmāyana*, 1725 aprox.; colección particular.

POTENCIAR EL ESPÍRITU MEDIANTE LA ABSTINENCIA

Gāndhī había fundado el *āśram* de Sabarmati el 25 de mayo de 1915. Pero fue en la cárcel de Jeravda, en los años treinta, cuando codificó las directrices que, según él, habían de constituir la norma de vida del *satyāgrahī*, es decir, de quien, dentro de la comunidad, se dedica a la búsqueda de la verdad. Desde su celda transmitió luego esas directrices a sus adeptos. Las había fijado en once «reglas» que eran: verdad, no-violencia, castidad, pobreza, valor, sobriedad, renuncia al robo, trabajo agrícola, igualdad de las religiones, acciones pro-intocables y autosuficiencia.

Según Gāndhī, aceptar los votos no es un signo de debilidad, sino, por el contrario, de fuerza. Hacer con el máximo empeño lo que se debe hacer constituye un voto. Esto se convierte en un elemento de fuerza. «Un hombre que anuncia que hará algo 'en el límite de lo posible' traiciona su orgullo y manifiesta su debilidad. He constatado en mí y en los demás –escribe Gāndhī– que la afirmación 'en el límite de lo posible' suministra una coartada fatal. Hacer algo 'en el límite de lo posible' significa sucumbir a la primera tentación. Decir que uno se conformará a la verdad 'en el límite de lo posible' no tiene sentido. Así como un hombre de negocios pondrá en duda una carta en la que un deudor le promete pagar una cierta cantidad en un vencimiento dado, 'en el límite de lo posible', Dios se negará a aceptar una carta de intenciones en la que un hombre se compromete a perseguir la verdad 'en el límite de lo posible'.» Dios es la esencia misma del voto. Dios dejaría de ser Dios si se alejase de sus leyes, ni que fuese un pelo. El sol respeta siempre las reglas; de ahí que se pueda medir el tiempo e imprimir calendarios. Todo se basa en la fidelidad de los hombres al respeto de sus promesas.

Estos propósitos son necesarios para la formación del carácter. No hay que dudar nunca de la necesidad de los votos, con vistas a la purificación y al completarse del sí. En verdad, todas las reglas emanan de la verdad y contribuyen a reforzarla. El hombre orientado a la verdad, y ligado únicamente a ella, da prueba de infidelidad cuando aplica sus capacidades a otras cosas. En tal caso, él no debe preocuparse de sus sentidos. Si sus actividades están enteramente consagradas a la comprensión de la verdad, que exige un altruismo totalizante, no podrá dedicarse a objetivos egoístas, como concebir hijos o gobernar la familia. Tomar conocimiento de la verdad, junto a la satisfacción personal contemporánea, deberá parecer, tras lo que se ha dicho –afirma el *Mahātmā*– una contradicción en sus términos.

Si se observa todo esto desde el punto de vista del *ahimsā*, es decir, de la no-violencia, se constata que su verificación es imposible sin un altruismo total. *Ahimsā* significa amor universal. Si un hombre da su amor a una mujer y una mujer a un hombre, bien poco queda para el mundo. Eso significa simplemente «Nosotros los primeros de todos y al diablo los demás», subraya Gāndhī.

Si la esposa fiel ha de sacrificarse por el bien del marido, y el marido fiel por el bien de la mujer, estas personas no podrán tener una visión auténtica del amor universal, ni considerar a la humanidad entera como su familia, puesto que han construido una muralla en torno a su amor. Cuanto mayor sea su familia, más lejos están del amor universal. En consecuencia, quien quiera aplicar la ley del *ahimsā* no puede casarse ni, procurarse satisfacciones personales fuera del vínculo matrimonial.

«Si esto es así, ¿qué hacer cuando ya se está casado? –se pregunta Gāndhī–. ¿Se está incapacitado para alcanzar la verdad? ¿Ya no es posible hacer ofrenda total de sí al altar de la humanidad? Existe una solución –concluye el *Mahātmā*–. Comportarse como si no se estuviese casado. Quienes han conocido esta feliz situación pueden confirmarlo. Por lo que a mí me consta son muchos quienes han intentado el experimento». Si los esposos logran comportarse como hermano y hermana, son libres para ponerse al servicio de todos. La idea de que todas las mujeres del mundo podrían ser su hermana, su madre o su hija, hará más grande al hombre y desvanecerá sus inhibiciones. Con ello, ni el marido ni la mujer pierden nada, sino al contrario, enriquecen sus recursos y su familia. Su amor, libre de la impureza del deseo, se hace más fuerte. Con la desaparición de esta impureza podrán proporcionarse mejor ayuda recíproca y las ocasiones de disputa serán más escasas. De hecho, las controversias son más frecuentes cuando el amor es egoísta y limitado.

Si las consideraciones anteriores se entienden en su justo valor, la toma de conciencia de las ventajas psicológicas de la castidad adquiere una importancia secundaria. Pues realmente es algo necio malgastar por voluntad propia la energía vital en la satisfacción de los sentidos. Es un grave error derrochar, con fines de satisfacción psicológica, lo que les es dado al hombre y a la mujer para desarrollar sus posibilidades físicas y espirituales. Este error está en la raíz de numerosas enfermedades. La *brahmācārya* (castidad), como todas las demás reglas, debe aplicarse al pensamiento, a las palabras y a las obras. El *Bhagavadgītā* lo afirma y la experiencia lo confirma. El hombre necio, que parece controlar su cuerpo, pero que alberga en su espíritu malos pensamientos, condena sus esfuerzos al fracaso. Puede ser dañino dominar el propio

Gāndhī retratado con su mujer, Kasturba, en Bombay en 1915.

Página contigua: ascetas bajo un porticado, miniatura de 1700 aprox.; colección particular.

Página siguiente, arriba: el monumento a Gāndhī en Calcuta.

cuerpo si, al mismo tiempo, se permite a la mente vagabundear. La turbación del primero produce, antes o después, la de la segunda.

No se debe relajar el control del cuerpo. Es necesario tender continuamente al dominio del espíritu. «No podemos hacer nada más ni nada menos. Si dejamos hacer a la mente –concluye Gāndhī– cuerpo y mente empujarán en direcciones opuestas y seremos incoherentes. Sólo podemos decir que cuerpo y mente están en armonía cuando oponemos resistencia a la invasión de los malos pensamientos».

La regla de la *brahmācārya* se ha considerado muy difícil, cuando no imposible, de aplicar. Se ha creído que el simple control del instinto animal era el elemento esencial de la aplicación de la *brahmācārya*. Esta concepción es incompleta. *Brahmācārya* significa control de los sentidos. Quien intenta controlar un órgano y permite a los otros expresarse libremente verá que hace esfuerzos inútiles. «Escuchar charlas sugestivas con los oídos, mirar espectáculos incitantes con los ojos, gustar de alimentos estimulantes con la lengua, tocar cosas excitantes con las manos y esperar, a pesar de ello, controlar la mente, hace pensar en alguien que pusiera las manos en el fuego –otra de las sencillas analogías utilizadas por Gāndhī– con la certeza de evitar la quemadura». En consecuencia, cuando se ha resuelto controlar un sentido, hay que estar determinado a controlarlos todos. «Siempre he pensado que la interpretación rígida de la *brahmācārya* –declara el *Mahātmā* en *From Yeravda Mandir: Ashram Observances*– ha provocado bastante mal. Practiquemos el control simultáneo en todas direcciones, el intento será científico y tendrá posibilidad de éxito. Podría ser el paladar el mayor pecador». Esto explica porqué, en las comunidades fundadas por Gāndhī, la regla del control del gusto es tan importante. No hay que olvidar el significado original del término *brahmācārya*. *Carya* significa línea de conducta, y *Brahmācārya* línea de conducta adaptada a la búsqueda de *Brahmā*, es decir, de la Verdad. De este significado etimológico deriva la necesidad del dominio de todos los sentidos. Por tanto, la definición no se ha de interpretar sólo referida al aspecto sexual.

Gāndhī, ataviado a la manera tradicional de los hindúes, en una foto de 1931.

El ayuno como expiación de la culpa

Un día, en Johannesburgo, Gāndhī supo del derrumbe moral de dos miembros del *āśram*. «La noticia de un fracaso aparente o de un revés del *satyāgraha* –escribió en *An Autobiography or The Story of My Experiments with Truth*– no me habría extrañado, pero esta noticia me causó el efecto de un rayo». El mismo día, el *Mahātmā* tomó un tren para Phoenix. Iba acompañado por Herman Kallenbach, un arquitecto nacido en Polonia, aunque criado desde niño en Alemania y que después se trasladó con su familia a Sudáfrica. Se trataba de un íntimo amigo de Gāndhī, y quiso acompañarlo, para que no fuera solo, debido a un cierto sentimiento de culpa que experimentaba por haber sido el portador de las noticias que tanto habían turbado al maestro.

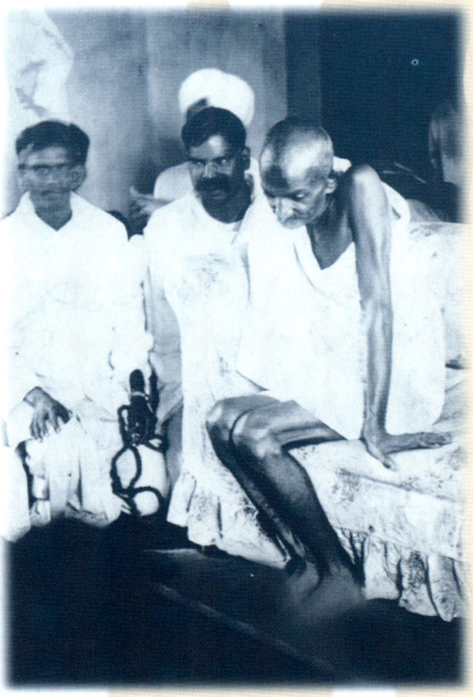

Gāndhī, en los años treinta, durante una conferencia con algunos seguidores del movimiento de no-cooperación.

«Durante el viaje, tenía claro cuál era mi deber –escribe Gāndhī–; el guardián o el enseñante eran responsables, al menos en cierta medida, de las carencias de su grupo o de sus discípulos. Por eso mi responsabilidad en relación al incidente en cuestión me parecía clara como el día». Kasturba, la mujer del *Mahātmā*, ya le había puesto sobre aviso de la posibilidad de que hubiera inconvenientes en el *āśram*, pero Gāndhī, confiado por naturaleza, no había tenido en cuenta sus advertencias. «Comprendí que el único modo de convencer a los culpables de que entendieran mi desesperación y la gravedad de su error consistía en hacer penitencia. Por ello me impuse un ayuno de siete días e hice promesa de no tomar más que una comida al día durante cuatro meses y medio».

Una consecuencia de este incidente obligó, tiempo después, a Gāndhī a emprender un ayuno de catorce días, con un resultado que superó sus esperanzas. Pero esto no debe significar que, por estos incidentes, el deber del maestro consista en recurrir al ayuno cada vez que los discípulos se comporten mal. Pero ciertas situaciones imponen este remedio radical. Ello presupone la claridad de visión y una buena preparación espiritual. Cuando no hay amor auténtico entre el maestro y el alumno, cuando la mala acción del alumno no ha tocado de verdad el corazón del maestro y cuando el alumno no respeta al maestro, el ayuno está fuera de lugar y puede incluso ser nocivo. En cualquier caso, incluso cuando la necesidad del ayuno parezca dudosa, la responsabilidad del maestro frente a los errores de sus discípulos es indiscutible.

El ayuno es también un elemento del *satyāgraha*, porque el sufrimiento hasta la muerte también es el arma última de esta forma de lucha. Es el último deber al que se puede recurrir. «En consecuencia, el ayuno forma parte de mi ser, como, en mi opinión, forma parte en mayor o menor medida de todos aquellos que buscan la verdad. Yo intento una experiencia de *ahimsā* a una escala, quizás, nunca antes aplicada en la historia –admite Gāndhī–. Siempre es posible que yo esté completamente equivocado, pero eso no influye en absoluto el objetivo de hecho. Dado que hace mucho tiempo que estoy convencido no del error, sino de tener razón, en lo humanamente posible debo llevar mi búsqueda hasta su límite extremo». Por este motivo un ayuno o una serie de ayunos siempre son una eventualidad de la vida. Además, el ayuno también es una oración. Porque no hay oración sin ayuno. Porque el ayuno no sólo está ligado al paladar, sino a todos los sentidos y a todos los órganos. La integración con la oración significa la exclusión completa de la actividad física hasta que la oración posea la totalidad del ser y permita la elevación sobre lo contingente y el completo desapego de las funciones físicas. Este estado no puede lograrse sino tras una mortificación continua y voluntaria de la carne. Por eso cada ayuno es un acto espiritual. Es una oración intensa o una preparación para ella. Es un deseo del alma de fundirse con la esencia divina.

Gāndhī en Bombay, en un gesto de agradecimiento hacia sus seguidores.

Gāndhī vegetariano

De acuerdo con sus profundas convicciones religiosas, fundadas en el amor y el respeto a todas las formas de vida, Gāndhī no consideraba admisible comer carne, huevos, leche o derivados tenidos por alimentos inadecuados para quienes tienden al control de sus propias pasiones. Era necesario comer –sostenía el Mahātmā–, *pero no para satisfacer al paladar sino para mantener el cuerpo sano. La única leche a la que el hombre tiene derecho es a aquélla que mama de los senos de su propia madre cuando es niño. El reino vegetal ofrece todo lo necesario para la alimentación, que puede basarse tranquilamente en fruta madurada al sol y frutos secos. Los nervios y los tejidos podrían nutrirse de uvas, nueces y almendras.*

¿Es el ayuno un chantaje moral?

«Si se acepta que mis ayunos proceden del amor –escribe Gāndhī en «Harijan» el 11 de febrero de 1933– sólo constituirían una coerción si el amor de los padres por sus hijos, o de éstos por los primeros, o el amor del marido por la mujer, o de ésta por su marido, o, recurriendo a una imagen más amplia, el de Jesús por quienes le consideran como parte de sí, constituyen una coerción». Los cristianos están convencidos de que el amor de Jesús impide su condenación y de que él actúa así a pesar de ellos. Su amor encadena la razón y la sensibilidad de miles de creyentes. «Yo sé que, en mi infancia –recuerda el *Mahātmā*– el amor de mis padres me ha impedido pecar y que, igualmente después de la edad de cincuenta años, el amor de mis hijos y de mis amigos me ha impedido, en verdad, ir a mi perdición, lo que habría ocurrido muy probablemente sin la influencia categórica e irresistible de este amor. Y si todo este amor puede ser considerado una coerción, en este caso, el amor que ha generado mi ayuno y, en consecuencia, mi ayuno mismo, eran coerciones, pero en otro sentido».

El ayuno es una institución muy importante del hinduismo. Y aunque hayan abusado de él personas que no estaban autorizadas a ayunar, eso sólo ha hecho, al hinduismo, mucho bien. No puede haber oración sin ayuno, y ningún ayuno auténtico puede considerarse tal sin oración. El ayuno es la oración de un alma que sufre. La historia religiosa trata de aquéllos que han sobrevivido al ayuno, porque Dios les ha escuchado. Pero aquélla no habla de los que han muerto en silencio, intentando arrancar una respuesta a un Dios no receptivo, sin que su fe en Dios y la confianza en la no-violencia hayan disminuido. Dios no siempre responde a las plegarias. Para él, la vida y la muerte son un todo, y no se puede negar a priori que todo lo que hay en el mundo de puro y de bueno exista en razón de la muerte silenciosa de miles de héroes desconocidos. No sorprende que se abuse del ayuno, como se abusa de todo lo que es bueno. Es inevitable. Pero no hay que abstenerse de hacer el bien –para quien se sitúa en la lógica de la no-violencia–, porque de vez en cuando se haga el mal en su nombre. Un ayuno completo es una negación de sí, total en sentido literal de la palabra. Es la oración más auténtica.

Las palabras «...toma mi vida, oh Señor, y que ella te sea consagrada» no son, ni deberían ser, una fórmula o una expresión imaginaria. Deben ser sólo un don total y gozoso, sin la menor reserva. Abstenerse de comer, y de beber, no es sino el principio, la parte menos importante del abandonarse a Dios. Hay que creer profundamente en el método del ayuno, sea público o privado.

Gāndhī en Downing Street,
Londres, 1931.

Éste puede hacer sentir su necesidad imperiosa en cualquier momento, sin el menor aviso, frente a cualquiera. Cuando eso ocurre, hay que aceptarlo como un privilegio y una alegría. El ayuno es un arma poderosa en el arsenal del *satyāgraha*. No puede ser utilizado por todos. No es suficiente la simple actitud física para emprenderlo. Ésta es inútil cuando falta el fervor de la fe en Dios. Nunca debe ser un esfuerzo mecánico o un simple deseo de imitación. Debe brotar de lo profundo del alma.

Hay que reconocer, para satisfacción de los críticos, que la mayoría de ayunos no entran en la categoría del *satyāgraha*, y está constituida por «huelgas de hambre», como se denominan comúnmente, emprendidas sin preparación previa y sin una adecuada reflexión. En general, ocurre que si la sucesión de estas huelgas es demasiado frecuente, pierden la poca eficacia que podían tener y acaban por ser ridículas. «Si la expresión 'efecto coercitivo' puede aplicarse a mis ayunos –dice Gāndhī en «Harijan» el 6 de mayo de 1933–, entonces, en este sentido, se puede demostrar que todos los ayunos tienen este efecto en una u otra medida». El hecho es que todos los ayunos motivados por exigencias espirituales influyen a quienes tienen de ellos noticia y, de una u otra forma, conocen a quien realiza el gesto. Y eso porque el ayuno espiritual se caracteriza por el *tapas*, es decir, la penitencia. Y cada *tapas* ejerce una influencia purificadora sobre aquellos por quienes se aplica la penitencia.

Por eso no puede negarse que dichos ayunos puedan ser realmente coercitivos. Estos son los ayunos que tienen un objetivo egoísta. Un ayuno emprendido para sustraer dinero a alguien, o por una razón personal parecida, equivaldría al ejercicio de una coerción, o a una influencia injustificada. Si se afirma que el límite entre egoísmo y altruismo es a menudo muy sutil, es necesario que quien considere el objetivo del ayuno egoísta se niegue resueltamente a ceder a él, aunque este rechazo

Gāndhī tomando notas, en una foto de los años treinta. El *Mahātmā* se dedicó a la difusión de los contenidos del *satyāgraha* desde las columnas de los periódicos fundados por él mismo.

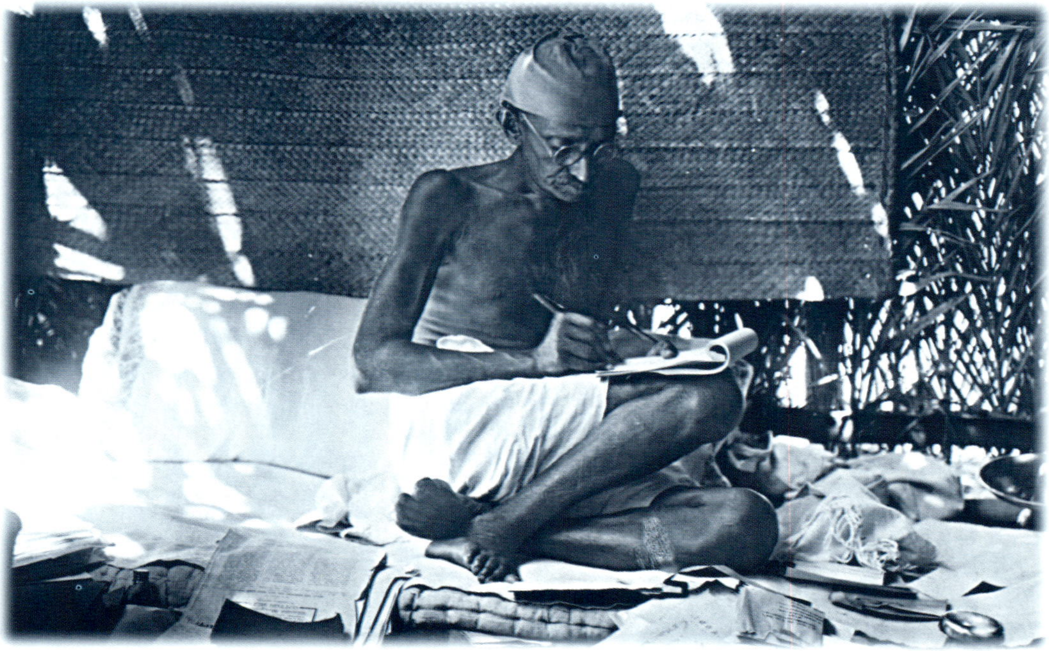

El escritor y sociólogo italiano Danilo Dolci fue de los primeros en seguir las enseñanzas de Gāndhī.

comporte la muerte de quien ayuna. La gente ha de acostumbrarse a no hacer caso de ayunos emprendidos claramente con fines indignos. Si eso ocurriera, esos ayunos quedarán privados de su carga coercitiva y valor injustificado. Gāndhī no dirigía jamás sus ayunos contra nadie. Para él, tenían el significado de penitencia asumida o de reconocimiento de un error cometido, como medio para alcanzar una expresión más alta de sí, y lograr la supremacía del espíritu sobre la carne, como disciplina interior antes de iniciar una campaña de desobediencia civil, como instrumento de presión para detener estragos o discordias entre seguidores. Y cuando el misionero americano Stanley Jones le hizo observar que su ayuno siempre era una forma de constreñir a los otros, él le respondió: «Sí, una constricción semejante a la que Jesucristo ejerce sobre vosotros desde la cruz». Gāndhī ha dejado escrito: «Sólo cuando hube agotado mis recursos –en el sentido de esfuerzos humanos– y comprendido mi total impotencia, recliné mi cabeza en el pecho de Dios. Ese es el sentido profundo y el alcance de mi ayuno».

La no-violencia

Llevado al extremo, el *satyāgraha* es independiente de cualquier condicionamiento económico o material, así como de la fuerza física y de la violencia. En realidad, la violencia es la negación de esta inmensa fuerza espiritual, que no puede ser cultivada ni utilizada sino por quienes renuncian totalmente a la violencia. Es una fuerza útil, tanto a los individuos como a la comunidad, a la vida política futura como a la vida cotidiana. Sus posibilidades de aplicación universal son una demostración de su permanencia y de su calidad de invencible. Puede ser utilizada por hombres, mujeres y niños. No es una fuerza destinada a los débiles, porque ellos no son capaces de responder a la violencia con la violencia. Este equívoco procede de la imprecisión de la expresión inglesa «resistencia pasiva». Es imposible que quienes se consideran débiles puedan utilizar esta fuerza. Sólo quienes comprenden que existe en el hombre un elemento superior a su naturaleza brutal, y que ésta se somete siempre a él, pueden convertirse en *satyāgrahī*. Esta fuerza es para la violencia, y para todas las tiranías y todas las injusticias, lo que la luz para la oscuridad.

En política, su utilización está fundada en la máxima inmutable según la cual gobernar no es posible sino en la medida en que el pueblo se deja, conscientemente o no, ser gobernado. «Nosotros no queríamos plegarnos a la 'Ley asiática' de 1907 en Transvaal –escribía Gāndhī en «Young India» el 3 de noviembre de 1927–». En realidad, se ofrecían dos posibilidades a quienes pretendían rebelarse contra aquella ley discriminatoria: utilizar la violencia, cuando se les exigía someterse a la norma, o cumplir las penas previstas, mostrando entereza y fortaleza de ánimo a fin de tocar las cuerdas más sensibles de los sentimientos de gobernantes y legisladores. Pero hubo de pasar tiempo antes de lograr el objetivo, porque aquel *satyāgraha* era incompleto. No todos los manifestantes comprendían plenamente el valor de la firmeza, y no todos eran hombres capaces de renunciar, por convicción, siempre a la violencia. El ejercicio de ciertas formas de lucha exige la práctica de la pobreza. Durante aquella lucha, los manifestantes aún no habían llegado a semejante nivel de conocimiento. Otros sólo eran *satyāgrahī* de nombre. Habían venido sin convicción, o con motivaciones incluso impuras. Otros, una vez iniciada la lucha, si no hubieran estado atentamente controlados habrían recurrido con gusto a la violencia. Y por eso la lucha duró tanto. Porque el ejercicio de la fuerza moral, la más pura, da satisfacción casi inmediata. Para lograr este resultado, es necesario un largo ejercicio, por lo que el perfecto *satyāgrahī* debe ser casi un hombre perfecto. No es posible conseguirlo de golpe, pero si los presupuestos de partida son correctos, cuanto más aumenta el espíritu del *satyāgraha* mejores se hacen los *satyāgrahī*. Su utilidad debe, pues, considerarse indiscutible. Si las luchas pasadas hubiesen producido aunque sólo hubiera sido algún hombre dispuesto a convertirse en un *satyāgrahī* perfecto, habrían cumplido no sólo sus intereses sino los de la humanidad entera. Desde este punto de vista, el *satyāgraha* es el modo mejor, y más noble, de educar a los jóvenes.

En el caso de los niños, no debe ir detrás del aprendizaje de las letras, sino delante. No se puede negar que un niño, antes de empezar a escribir el alfabeto debería saber lo que es el alma, qué es la verdad, qué es el amor, y cuáles los poderes que el alma encierra. Uno de los elementos esenciales de la enseñanza debería consistir en enseñar a los niños que, en la lucha por la vida, es fácil vencer al odio con el amor, a la mentira con la verdad, y a la violencia con la aceptación del sufrimiento.

«El camino del *ahimsā* –escribe Gāndhī– es como

Página contigua: *sit-in* de protesta de los seguidores de Gāndhī, una de las formas de resistencia pasiva.

Arriba: fieles orando en el Ganges, imagen que evoca la profunda espiritualidad de la India.

estar en equilibrio en el filo de una espada. El acróbata puede andar por el filo gracias a la concentración. Pero la concentración exigida para el camino de la verdad y del *ahimsā* es mucho mayor. La mínima distracción produce la caída». *Himsā* significa violencia; *ahimsā* es su negación, es decir, no-violencia.

No se puede comprender la verdad y el *ahimsā* sino a través del esfuerzo continuo. Puesto que es imposible participar de la verdad perfecta mientras se esté prisionero del cuerpo mortal, sólo es posible verla con la imaginación. Por eso se debe contar con la fe.

El hombre castiga a los ladrones, -observa Gāndhī-, porque piensa que le procuran daño. A veces le dejan tranquilo, pero porque dedican su atención a otra víctima. Pero esta víctima es otro ser humano, otro hombre, por lo que se encuentra en un círculo vicioso. Las molestias que proporcionan los ladrones aumentan, pues éstos piensan que robar sea su trabajo. Al final se constata que es preferible soportar a los ladrones antes que castigarlos. Al soportarlos, uno se da cuenta de que los ladrones no se diferencian de los demás seres humanos. Que éstos son sus semejantes, sus amigos, y que es posible no castigarlos. Pero soportar a los ladrones no quiere decir legitimar las consecuencias de sus actos. Esto sería alentar la delincuencia. Así es posible identificar un nuevo deber. Visto que los ladrones pueden ser considerados miembros de la familia humana, hay que llevarles a entender este vínculo de parentesco. Por eso hay que esforzarse por concebir métodos adecuados para ganarles para la causa del *satyāgrahī*. Este es el camino del *ahimsā*, que requerirá sufrimientos prolongados y exigirá una paciencia infinita. Pero, cumplidas estas dos condiciones, el ladrón renunciará, con la ayuda de tiempo, a sus pésimas costumbres.

Así, paso a paso, se aprende a hacerse amigos del mundo entero, porque la paz espiritual aumenta en

El *Mahātmā* Gāndhī saluda a un grupo de simpatizantes.

El satyāgraha de Vikom

El *satyāgraha* de Vikom se emprendió en 1924 y se concluyó en 1925. Su objetivo era lograr que los intocables pudiesen utilizar algunas calles que pasaban cerca del templo de Vikom, una aldea del Travancore (Kerala). Esta experiencia de lucha fue muy interesante por la manera en que se condujo, en la más absoluta no-violencia y con gran perseverancia. Duró mucho, para resultar al final victoriosa. El peculiar carácter del mencionado *satyāgraha* radicaba en estar organizado contra un estado administrado por los hindúes. En la otra parte estaba un *diwān* indio, en representación del *mahārājā*.

Al no poder transitar por las calles, próximas al templo y flanqueadas por las casas habitadas por miembros de castas superiores, los intocables estaban obligados a realizar largos rodeos para llegar a sus viviendas. El *Mahātmā* se encontraba enfermo y no pudo dirigir el *satyāgraha* en persona. Éste fue organizado por un discípulo suyo. Gāndhī seguía a distancia los acontecimientos y, desde el *āśram* de Sabarmati, estaba en contacto por carta con los *satyāgrahī*, aportando consejos y sugerencias y no escatimando las críticas. Había desaprobado el ayuno realizado contra los hindúes ortodoxos porque, en su opinión, éste se presentaba no como la expiación de una culpa, sino como elemento de coerción, por lo que se colocaba fuera del espíritu del *satyāgraha*. Por ello había impuesto su suspensión. A pesar de la represión ejercida por las autoridades, el plan de lucha de los *satyāgrahī* se desarrollaba, con la ayuda siempre de nuevos adeptos, para recorrer la calle prohibida. Todos los manifestantes fueron arrestados y enseguida las cárceles se saturaron. En ese momento, la policía recibió la orden de levantar una barrera en el final de la calle y vigilarla, permitiendo el paso únicamente a las castas y negándoselo a los intocables. Durante muchas semanas, voluntarios no-violentos e intocables hicieron guardia junto a la barrera, sin intentar nunca superarla por la fuerza, orando a menudo, sin cometer el menor gesto de violencia. Su capacidad de aguante fue puesta duramente a prueba por los partidarios de los ortodoxos y por cuantos no les tenían simpatía, que les provocaban y les arrancaban los *khaddar* del cuerpo y los quemaban en montones, llegando a cometer contra ellos auténticos actos de crueldad, como cegarles echándoles a los ojos jugo de limón. Llegó la estación de las lluvias y la calle quedó inundada de agua. Mientras que los policías se refugiaban en un barco anclado, los no-violentos resistieron con el agua a la cintura. Cada tres horas se relevaban y continuaban el asedio, día y noche, sin interrumpirlo ni una hora siquiera. Al final, las autoridades se rindieron, y se permitió el paso de los intocables por aquella calle y por otras zonas. El *satyāgraha* duró seis meses, durante los que se había incluso implantado un *āśram* con la creación de una escuela, hilado a mano, encuentros de oración y el desarrollo de una incesante propaganda sobre el tema de los intocables con reuniones, manifestaciones religiosas y visitas a las autoridades. «El *satyāgraha* de Vikom es la demostración del sufrimiento –comentó Gāndhī en las columnas de «Young India» el 1 de febrero de 1925–. El corazón más duro y la ignorancia más grosera deben desaparecer ante el surgimiento del sol del sufrimiento, sin cólera ni malicia».

Página contigua: Gāndhī tomando su frugal comida. El *Māhātma* veía un nexo férreo entre la dieta y el control del cuerpo y el espíritu.

Abajo: el *Māhātma* sobre una tarima, con ocasión de un concurrido mitin celebrado en Peshawar, en el actual Pakistán, en julio de 1938.

razón del sufrimiento. Se llega a ser mejor y más emprendedor. Se percibe con mayor claridad la diferencia entre lo eterno y lo que no lo es. Se aprende a reconocer el deber de cada uno. No hacer daño a los seres vivos, sean los que sean, forma parte, indudablemente, del *ahimsā*. Pero, para vivir, el hombre destruye millones de otros microorganismos que están en torno a él. «¿Qué hacer? –se pregunta Gāndhī. ¿Debemos, quizás, suicidarnos?». Para el creyente, esta no es la solución, puesto que a cada destrucción del cuerpo, otro le seguirá. El cuerpo sólo cesará de existir cuando se renuncie totalmente a él. Este desapego total es la percepción de Dios en la verdad. El cuerpo no pertenece al hombre. Mientras que éste vive, lo debe utilizar como un producto, tomado en prenda, del que se tiene la gestión. Considerando desde este ángulo el problema de la carne, el hombre puede esperar librarse un día del lastre del cuerpo. Una vez entendidos los límites de la carne, se debe tender, día tras día, al ideal con la fuerza de que se dispone. Sin el *ahimsā* no es posible buscar y encontrar la verdad. Verdad y *ahimsā* están tan íntimamente ligados que es prácticamente imposible delimitarlas y separarlas. Son como las dos caras de una moneda o, mejor, de un disco metálico virgen, completamente liso. ¿Quién puede decir cuál es el anverso y cuál el reverso? Sin embargo, el *ahimsā* es el medio, mientras que la verdad es el fin. El medio, para desempeñar su papel, ha de estar siempre disponible, de manera que el *ahimsā* sea, siempre, el primer deber.

Aldo Capitini

«Gāndhī no pertenece sólo a India, que fue su patria, sino a toda la humanidad».

Aldo Capitini,
La no-violencia hoy,
1962

Despojarse de bienes

La posesión implica la previsión del porvenir. Quien busca la verdad no puede conservar nada en la espera del mañana. Dios nunca acumula reservas para el mañana, él nunca crea sino lo necesario para el presente. Por consiguiente, los que tienen fe en la providencia divina deben estar convencidos de que él les dará el pan de cada día. Los santos y los devotos que han vivido una fe semejante siempre han hallado la demostración en su experiencia. Quien ignora o no respeta la ley divina que proporciona, día tras día, el pan al hombre, y nada más, es responsable de las desigualdades y las miserias que éstas comportan.

Los ricos tienen reservas superfluas de objetos, de los que no tienen necesidad, y que se despilfarran, mientras que millones de personas mueren de hambre. Si cada uno sólo poseyera lo necesario, nadie viviría en la necesidad. En la situación actual, los ricos están bastante más insatisfechos que los pobres. El pobre sería feliz convirtiéndose en millonario, y el millonario en multimillonario. Los ricos deberían renunciar a los bienes al objeto de dotar universalmente de vigor al espíritu del satisfacerse. Sólo con que éstos mantuviesen sus propiedades en límites modestos, sería factible alimentar a los hambrientos, y éstos aprenderían la lección del satisfacerse, conjuntamente con los ricos. La aceptación perfecta del ideal de la no-posesión exige que el hombre, como los pájaros, no tenga un techo sobre su cabeza, nada con qué vestirse y ninguna reserva de alimento para mañana. Tendrá necesidad del pan de cada día, pero será tarea de Dios, y no suya, el procurárselo. Sólo un número muy pequeño de individuos puede aspirar a este ideal de vida.

Los hombres corrientes que buscan la verdad no deben desalentarse ante un objetivo que parece inalcanzable. Ellos no deben perder de vista el ideal y, a su luz, examinar lo que poseen, con mirada crítica, para intentar reducirlo. La civilización, en el auténtico sentido del término, no es la multiplicación, sino la reducción deliberada y voluntaria de los deseos. Ello sólo favorece la serenidad y el saberse contentar, y aumenta la inclinación a ponerse al servicio de los demás. «Constatamos que en el *āśram* –admite Gāndhī en *From Yeravda Mandir* (1933)– poseemos numerosos objetos cuya necesidad no está demostrada, y que, a decir verdad, mueven a nuestros vecinos a desearlos». Desde el punto de vista de la verdad pura, incluso el cuerpo es una forma de posesión. Se ha dicho que la envidia del placer crea cuerpos para el alma. Cuando desaparece esta envidia, el cuerpo ya no tiene razón de ser, y el hombre se libera del círculo vicioso de los nacimientos y de las muertes. El alma es omnipresente; ¿por qué habría de tender a permanecer prisionera de la cárcel del cuerpo, hacer el mal y hasta a matar por cuenta de esa cárcel? Hay que ir hacia la renuncia total, y aprender a utilizar el cuerpo para servir a los demás, mientras aquél exista, hasta el punto que servir y no consumir el pan sea la razón de la vida. Hay que comer, beber, dormir y despertarse con el único objetivo de servir. Una actitud espiritual semejante ofrecerá la serenidad real y la visión bienaventurada de la plenitud del tiempo. Todos han de examinarse desde esta perspectiva. No hay que olvidar que la no-posesión es un principio aplicable tanto al pensamiento como a los propios objetos. El hombre que colma su cerebro de conocimientos inútiles viola este principio. Los pensamientos que lo distraen de Dios, si no vuelve a Dios, constituyen obstáculos en su camino.

Página contigua: bramín ofreciendo comida a un halcón. El hinduismo impone el respeto por toda forma de vida.

Abajo: un *sadhu*, asceta y maestro espiritual seguidor de Vishnu, durante la oración matutina.

Los once ejes del hilado a mano

Gāndhī atribuía al hilado del algodón por métodos tradicionales una importancia fundamental para la cohesión de los indios en la lucha por la independencia. No era sólo un modo de ahorrar dinero o de ganarlo, sino algo más. Era un rito, una celebración sagrada que unía y daba sabiduría

y confianza. A continuación se enumeran las ventajas que, según el *Mahātmā*, poseía este método de elaboración tradicional que utilizaba el *car´khā*, el huso de rueda vertical, movido manualmente:

1. Representa la ocupación más rápida para quien necesita dinero; el parado, aprendiendo a hilar, puede tener una ganancia inmediata aunque exigua.
2. La conocen a miles; la hilatura manual tiene una tradición antiquísima. El hilado así obtenido puede después tejerse en el telar manual, para obtener la pieza de tela, llamado *khādī* o *khaddar*, usado por los campesinos para su vestimenta sencilla. Se trata de un tejido rústico, rugoso al tacto, de color blanco y carente de elementos decorativos.
3. Se aprende fácilmente; la técnica del hilado manual no exige conocimientos particulares. También Gāndhī aprendió a hilar, y no perdió ocasión de publicitar dicha iniciativa. También realizó el hilado en la cárcel, siempre que fue posible.
4. No necesita capital anticipado; el huso manual es un instrumento simple y no una máquina sofisticada. Por lo general, los campesinos también son los productores del algodón y, por tanto, ni éste ha de comprarse.
5. La rueca de hilar se puede construir fácilmente y con un gasto modesto. El *car´khā* está constituido por una rueda especial de madera con radios.

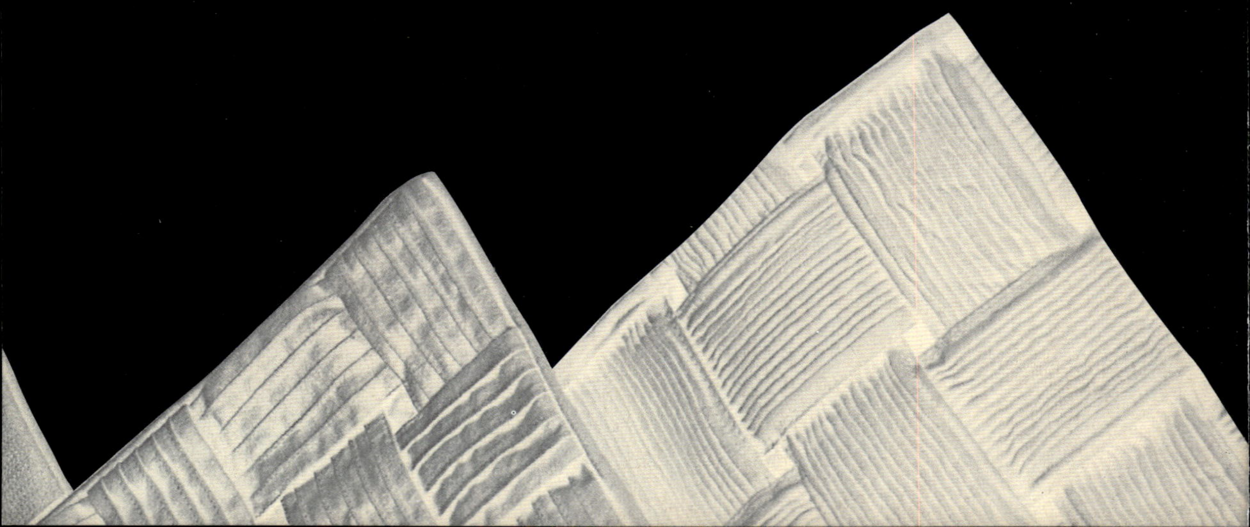

Está estructurado de forma que permite los dos procedimientos típicos de la hilatura, el tensado de la fibra y su torsión.

6. No es un trabajo que la gente deteste; el hilado manual se efectúa en casa. Tiene su *routine* de tranquilidad y serenidad, que se adapta bien al ambiente familiar.

7. Permite eludir la carestía y la miseria; la gran ventaja de esta actividad artesanal es la de dotar al campesino de una fuente de renta suplementaria.

8. Puede bloquear la adquisición de tejidos extranjeros; el hilado manual local permite al campesino proveer a su vestido a un coste irrisorio, y tener una fuente de renta adicional, comercializando el hilado y las telas rústicas que produce.

9. Distribuye el dinero ahorrado entre los pobres; con el ahorro que representa para la comunidad, no obligada ya por la necesidad del vestido a adquirir telas refinadas y costosas, los indigentes de la aldea pueden estar mejor tutelados.

10. El más pequeño éxito es una ganancia inmediata para todos; al vivir en comunidades donde las familias son interdependientes y solidarias, el éxito de una repercute favorablemente en las demás.

11. Es el instrumento más potente de la cooperación; El trabajo de todos los que realizan el hilado, coordinado y unido dentro de la aldea, aumenta el conocimiento y el espíritu de colaboración.

Izquierda: hilados extendidos a secar al sol tras ser sometidos el proceso de tintado.

Arriba: fundas de cojín en *kora*, término que indica los tejidos realizados en telar.

HILAR EL ALGODÓN Y NO COOPERAR

Es necesario por parte de los representantes de la población, tener conciencia clara de las condiciones para el éxito de la resistencia civil, si se quiere emprender una iniciativa de esa magnitud. Por ejemplo, para Gāndhī, dar inicio en aquella época al boicoteo de los tejidos extranjeros podía ser funcional para crear un ambiente favorable al comienzo de una desobediencia civil a gran escala, capaz de vencer la resistencia de cualquier gobierno. Por tanto, él sugería una reflexión seria sobre el *swadeśi*, es decir, la autosuficiencia económica, a los que se declaraban dispuestos a la desobediencia civil de masas. La desobediencia sin civilidad, disciplina, discernimiento y no-violencia, es la derrota cierta. Combinada con el amor, la desobediencia es la fuente vital de la vida. Es una manera de crecer, y no un conflicto portador de muerte.

Por otra parte, la no-cooperación debe evitar un comportamiento demasiado forzado e inmediato, y ser puesta en marcha gradualmente para lograr el máximo resultado. Sus organizadores hablan de cuatro etapas concretas, progresivas. La primera comporta el abandono de los títulos y la dimisión de los puestos honoríficos. Si no hay reacción por la parte contraria o si no son significativas, se deberá recurrir a la segunda etapa. Ésta presupone numerosas disposiciones preliminares. Queda claro que no se pedirá a ningún funcionario que dimita en caso de que no pueda, de otro modo, mantenerse a sí mismo y a su familia. Las distintas categorías de funcionarios no serán llamadas a responder, a la vez, a las iniciativas, ni se ejercerá presión alguna sobre funcionarios individuales. Tampoco se tocará a ningún empleado privado, pues el movimiento no va dirigido contra los ingleses ni contra el gobierno. La cooperación se retira porque las personas no deben participar de una injusticia.
La segunda etapa debe llevar a un logro total porque no hay gobierno que sobreviva si la gente deja de servirlo. Por eso, la tercera etapa, que comporta el alejamiento voluntario de los departamentos de policía y ejército, se considera algo lejano, a lo cual difícilmente se deberá llegar. La cuarta etapa, que prevé no pagar los impuestos, queda aún más lejos. Esta decisión comportaría daños graves. Podría empujar a una clase social a enfrentarse a la policía. Por tanto, sólo será posible afrontar esta incógnita con la certeza de que la población no recurrirá a la violencia. La no-cooperación no está exenta de riesgos, pero es infinitamente mayor el riesgo de la inacción frente a un problema grave. Permanecer inactivos significa suscitar obligatoriamente la violencia. De hecho, contener la ira de una población a la que un profundo sentimiento de injusticia lleva a encolerizarse no es tarea fácil.

Gāndhī hilando algodón, impasible, rodeado por los leones británicos amansados (de un cartel de los años cuarenta).

Página contigua: mujer hilando en el telar manual, en su casa.

La única forma de evitar la violencia consiste en permitir a la población expresar su sentido de la justicia. La no-cooperación es lógica e inofensiva. Todo sujeto tiene derecho a negarse a servir a un gobierno que no quiere oír sus razones. La no-cooperación en forma de movimiento voluntario sólo puede triunfar si la voluntad es sincera y fuerte, hasta el punto de permitir a la gente sufrir hasta sus límites. A falta de la posibilidad de colaboración activa, también la simpatía pasiva –por parte del conjunto del país– está contemplada en el marco de la no-cooperación.

La primera etapa de la no-cooperación es la que comporta un riesgo mínimo para el orden público y un sacrificio mínimo para los participantes. Si éstos no quieren ayudar al gobierno, ni recibir de él favor alguno, deben renunciar a cualquier título honorífico del que no puedan sentirse orgullosos. Los abogados, funcionarios honorarios de los tribunales, deben cesar de apoyar a los tribunales que defienden el prestigio de un gobierno injusto, y la población debe ser puesta en condiciones de resolver sus litigios por medio del arbitraje. Al mismo tiempo, las familias deben retirar a sus hijos de las escuelas públicas y organizar un sistema de enseñanza nacional o privado, independiente del gobierno. Un gobierno insolente, consciente de su fuerza brutal, se mofará de estas acciones, sobre todo por el hecho de que escuelas y tribunales se han instituido para dar respuesta a las exigencias de la población. Pero no hay duda de que el efecto moral de estas acciones dejará tocado al gobierno.

Negarse a pagar impuestos es un comportamiento muy apreciado por la gente, pero también

Gāndhī hilando algodón en el *car´khā*, el telar tradicional hindú de rueda vertical.

comporta mucho riesgo, y debe ser puesto en práctica con gran prudencia. No hay que ser indiferentes a la violencia y es necesario asegurar que las masas sabrán controlarse, y no reaccionar cuando vean sus cosechas confiscadas y sus bienes decomisados. Negarse a pagar impuestos es el medio más rápido para derribar un gobierno, pero hacerlo sin la disciplina necesaria –afirma Gāndhī– sería un imperdonable gesto de locura, que en lugar de llevar al *swarāj*, es decir, a un gobierno independiente, llevaría a un *non-raj*, es decir, a un no-gobierno. La no-cooperación es un arma tan poderosa y tan pura que, utilizada con seriedad, servirá para buscar el Reino de Dios, y todo lo demás le seguirá de forma natural. Entonces la gente habrá tomado conciencia de la realidad de su fuerza; habrá aprendido el valor de la disciplina, del control de sí, de la acción colectiva, de la no-violencia, de la organización, de todo que hace a una nación grande y buena, no solamente grande.

Algunos dudan en considerar el *swadeśi* como un elemento de la no-cooperación, mas, consumado con espíritu de sacrificio, esencial en esa forma de lucha, hasta el *swadeśi* haya un sitio legítimo en su interior. Eso significa la renuncia al gusto por los tejidos refinados procedentes de Europa y Japón y contentarse con telas rústicas, aunque bellas, tejidas en telares artesanales, con fibras hiladas por millones de mujeres. Si la población india pone en acto el *swadeśi* con celo religioso, esta acción la conferirá un nuevo poder y producirá una profunda impresión en el mundo entero.

Para Gāndhī, el símbolo visible de la unidad de India y, por consiguiente, de la aceptación de la no-violencia, como medio para la realización del programa político de independencia es, ciertamente, el *car´khā*, y con él el *khaddar*. Quien quiera cultivar el espíritu de la no-violencia y la amistad duradera entre hindúes y musulmanes debe hilar, cada día, como si cumpliese un rito. La amplitud de la hilatura a mano, junto a la confección y la utilización del *khaddar*, hilado y tejido artesanalmente, será una prueba sustancial, aunque no sea absoluta, de la unión real y la no-violencia. Será la prueba evidente de un vínculo de parentesco auténtico con las masas. Nada puede unir y revitalizar la India como hilar a mano, entendido como disciplina sagrada, y tejer el *khaddar*, entendido como privilegio y deber. El gobierno podrá arrestar y meter en la cárcel a los resistentes no-violentos, pero eso es positivo. Es bueno para ellos, y para el país, que cumplan la pena hasta el final. Sólo podrán ser liberados, antes de la extinción de la pena, mediante una ley del parlamento del *swarāj*. Y la adopción universal del *khaddar* es el *swarāj*.

La desobediencia civil

El escritor estadounidense Henry David Thoreau, apreciado por Gāndhī por sus ideas y escritos en materia de desobediencia civil.

La desobediencia civil es el rechazo a obedecer leyes inmorales. «Por lo que sé, la expresión –decía Gāndhī en «Young India» el 23 de marzo de 1921– fue inventada por Thoreau, para expresar su resistencia a las leyes del estado esclavista. Él nos legó un tratado magistral sobre el deber de la desobediencia civil. Mas, quizás Thoreau no fuese un campeón incondicional de la no-violencia. Es probable que limitase su rechazo a obedecer las leyes sólo a aquellas que tenían que ver con los impuestos». El *Mahātmā* se refiere a Henry D. Thoreau, escritor americano nacido en 1817 en Concord (New Hampshire) y muerto en la misma ciudad en 1862. Éste era un hombre solitario, rayano en la misantropía. Estaba próximo a la ideología del trascendentalismo, movimiento filosófico y literario difundido en Norteamérica en las primeras décadas del s. XIX. Apasionado por la naturaleza salvaje, sabía describirla en sus obras con gran agudeza. Figura genial, original y anticonformista, Thoreau se había construido con sus propias manos, en 1845, una choza a orillas del lago Walden, cerca de Concord, donde vivió en gozosa soledad durante dos años. Era un opositor convencido de la esclavitud de los negros y de la «esclavitud» individual frente a la Iglesia y, contrario a la artificiosidad de la civilización materialista de la época, prefería la vida simple y espartana.

El *Mahātmā* Gāndhī con las manos unidas (*mudra*), en gesto de respeto y devoción.

En el ensayo *Civil Disobedience*, Gāndhī había encontrado confirmación a sus ideas. Había leído la obra de Thoreau a fines de 1908 en Natal, en la cárcel de Volksrust. Confirmación, y no préstamo, como Gāndhī puntualizó en 1935 al declarar que la resistencia contra las autoridades de Sudáfrica ya estaba muy adelantada antes de que él leyese la obra de Thoreau. El término de desobediencia civil, como la practicada en India en 1919 contra las *Rowland Bills*, comprendía, a diferencia de lo teorizado por Thoreau, el rechazo a aplicar todas las normas inmorales. Aquella lucha había significado el poner fuera de la ley a cuantos se habían opuesto a ellas de forma no-violenta.

Éstos habían aceptado las sanciones de la ley y sufrido la cárcel. Esta forma de comportarse es

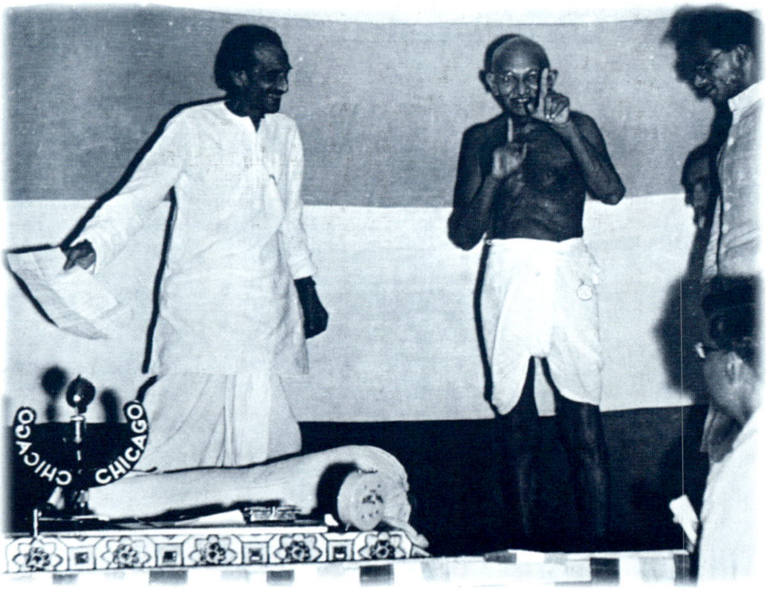

Gāndhī hablando con unos líderes políticos indios en Delhi, en 1947, un año antes de su muerte.

un aspecto típico del *satyāgraha*. Por el contrario, la no-cooperación implica retirar el apoyo a una organización estatal que, según la convicción del no-cooperante, se ha vuelto corrupta, y excluye la desobediencia civil en el sentido antes expuesto. Vista su naturaleza, la desobediencia civil es accesible a los jóvenes en edad de comprender y puede ser practicada, sin daño, por las masas. La desobediencia civil presupone la costumbre de respetar las leyes sin temer sus sanciones. No puede practicarse más que en última instancia y, al principio, sólo por algún individuo seleccionado.

La desobediencia civil, en su justo clima espiritual, puede ser la panacea que cure todos los males. Para los individuos, tomados singularmente, dicha atmósfera siempre está presente, excepto en el caso en que la desobediencia lleve al derramamiento de sangre. A pesar de todo, siempre puede llegar un momento en que una petición concreta se imponga, cueste lo que cueste. Cuando hacer oídos sordos a una petición significa negar a Dios, la desobediencia civil se convierte en un deber ineludible. Sin embargo, la desobediencia masiva reposa en fundamentos distintos. Sólo puede practicarse en un ambiente de calma, la calma de los fuertes, no la de los débiles. La calma del conocimiento, no la de la ignorancia.

La desobediencia civil individual puede ejercerse en beneficio de los demás, mientras que la de masas puede ser egoísta. De hecho, puede ocurrir que los individuos esperen obtener provecho personal mediante su propia desobediencia. La eliminación del impuesto que grava el número de personas que componen un determinado núcleo familiar –residuo medieval de un sistema vejatorio de opresión fiscal–. En el marco de la desobediencia civil de masas, basta con que los resistentes comprendan el funcionamiento de la doctrina. «Fui arrestado en Sudáfrica en una región prácticamente deshabitada –recuerda Gāndhī en «Young India» el 4 de agosto de 1921– cuando penetré en una zona prohibida, en compañía de más de trescientos hombres y mujeres. El grupo comprendía numerosos pathani y otros hombres vigorosos (...) Éstos habrían podido fácilmente hacer pedazos a los que me arrestaron. Pero ello no sólo habría sido el acto más equivocado, sino que habría representado una violación deplorable de su juramento y la ruina de nuestra lucha por la libertad, al igual que la deportación forzosa de todos los indios de Sudáfrica. Pero los hombres no eran insensatos (...) Continuaron en marcha hacia su destino hasta ser arrestados todos y encarcelados». Este ejemplo de no-violencia tiene pocos precedentes en la historia. Sin este tipo de autocontrol, la desobediencia civil de masas no puede triunfar. Se ha de renunciar a la idea de condicionar al gobierno con manifestaciones imponentes cada vez que un manifestante es arrestado. Hay que considerar el arresto como la condición normal de vida de un no-cooperante. Éste debe buscar el arresto y la cárcel, como el soldado que va a la batalla busca la muerte. La desobediencia civil impone la voluntad de rendirse incluso frente a un único policía desarmado. El triunfo consiste en ir a la cárcel, a miles, sin haber hecho nada malo. La desobediencia, para ser civil, debe ser visible y no-violenta. La desobediencia civil completa es un estado de rebeldía pacífica. Es el rechazo a aplicar todas las leyes del estado. Esto hace, en verdad, mucho más daño que una rebelión armada. Pues es imposible derrotar a los resistentes civiles dispuestos a afrontar dificultades extremas. La desobediencia civil se basa en la convicción de la eficacia absoluta del sufrimiento inocente. Al ir tranquilamente a la cárcel, el manifestante favorece un ambiente de calma. El que ejerce la represión, si no hay resistencia acaba por cansarse de reprimir.

El espejismo de la autosuficiencia

El hombre no ha nacido para vivir aislado. Mas, siendo un animal social, es llevado a ser independiente e interdependiente. Para vivir, nadie debería ser un peso en la espalda de otro. Según Gāndhī, para alcanzar semejante objetivo, la unidad básica de una sociedad debería ser la aldea, que él define «pequeña y gobernable comunidad de personas, capaz, idealmente, de autosuficiencia, y ligada a otras por vínculos de mutua cooperación e interdependencia». Para poder realizar lo anterior, la gente debe estar en condiciones de producir lo necesario para su existencia: ropas, alimentos, viviendas, iluminación, calor, agua. El primer deber sería el ser autónomos y no un peso para la sociedad. La autosuficiencia misma es una especie de misión. Una vez alcanzada, habrá que emplear el tiempo libre al servicio de los demás. Si todos lograran ser autosuficientes, nadie se encontraría en dificultades. Pero este estadio aún no se ha alcanzado, y por ello no se ha de subestimar la necesidad de la asistencia

Pimientos rojos puestos a secar por unas mujeres del Punjab. El estado de Punjab es uno de los principales productores de este producto en India, que se usa en la preparación de multitud de recetas.

social. Incluso en la completa autosuficiencia, habrá que preverla de algún modo.

Cuando la dependencia es necesaria, al objeto de vivir en orden social, tiene el significado de cooperación. En ella hay armonía. Con ella no hay hombres débiles y hombres fuertes, sino hombres que cooperan. Todos son iguales, mientras que en la dependencia hay una sensación de debilidad y de frustración. Al igual que en el seno de la familia todos son, a la vez, independientes e interdependientes, nadie diferencia entre lo mío y lo tuyo, y todos colaboran, considerando una gran familia a la sociedad, o a la nación, o a la humanidad entera, todos los hombres se tornan colaboradores. Si los hombres lograsen hacerse una idea de semejante colaboración, no tendrían ya necesidad de utilizar las máquinas para la producción. Estarían en condiciones de limitar al mínimo el empleo de la tecnología y utilizar al máximo la fuerza de trabajo. Sobre esa garantía debería fundarse la seguridad auténtica de la sociedad.

La idea gandhiana de la autosuficiencia no significa que se deba vivir en los niveles mínimos de supervivencia. No es necesario ser completamente independientes. No es posible estar en condiciones de producir todo aquello de lo que se tiene necesidad. Por ello, aunque el objetivo final siga siendo la autosuficiencia, habrá que procurarse en otra parte aquello que se necesita y que no se puede producir en la aldea. Habrá que aumentar las provisiones de cuanto la aldea sabe producir a fin de cambiarlo por lo que necesite. En India, no falta nada para este fin. Hay abundante tierra fértil, agua y recursos humanos. Si se educase a la gente a pensar en estos términos, ganaría en entusiasmo y determinación. La autosuficiencia es un programa muy comprometido. Las aldeas no resistirán si no son autosuficientes respecto a sus necesidades primarias, y si no logran crecer en el terreno organizativo respecto a divisiones internas, provocadas por incomprensiones, enfermedades o peligros exteriores como los derivados de robos y «razzias».

En el terreno de la producción, autosuficiencia significará ocuparse de todos los procesos de la elaboración del algodón y del cultivo de plantas alimenticias y forraje para los animales. En lo relativo a la serenidad de la vida comunitaria, habrá que dar vida al «Consejo de sabios de la aldea», cuya tarea será resolver las controversias internas. Además, será necesario atender los problemas organizativos de limpieza, higiene y prevención de las enfermedades. Respecto a los asaltos de ladrones y bandidos, Gāndhī sugiere la no-violencia colectiva de la aldea, pero afirma que si los trabajadores no la ven clara, no deben dudar en organizar la defensa según sistemas violentos. La interdependencia es tan importante para el hombre como la autosuficiencia. La dependencia de la sociedad le proporciona una lección de humildad. Un hombre no puede ser autosuficiente tampoco respecto a las distintas operaciones conectadas con el cultivo del algodón y la preparación de la hilatura. Y si en algún momento debe aceptar la ayuda de su familia, no hay razón para no poder aceptar también la ayuda de su vecino. Gāndhī ha sido definido como un «comunista no violento». Quizá esta definición sea apropiada, aunque no tiene en cuenta la visión materialista de la vida, propia del comunismo marxista, algo completamente ajeno a la visión de la vida gandhiana, impregnada de misticismo religioso. Gāndhī nunca simpatizó con la organización de la vida soviética. Basta leer lo que escribió en «Harijan» el 2 de febrero de 1946: «Hay quien dice que se es despiadado en Rusia, aunque esta falta de piedad se ejerce a favor de los más humildes y de los más pobres, y por eso mismo es positiva. Para mi, no hay nada de bueno en ello. Algún día esta crueldad creará una anarquía peor de cuanto se haya visto jamás». La cooperación debería basarse en la no-violencia. No es posible que una cooperación violenta tenga éxito. El bien, realizado con la fuerza, destruye la individualidad. Sólo cuando el cambio se efectúa a través de la fuerza persuasiva de la no-colaboración no-violenta, es decir, del amor, se logra preservar el fundamento de la individualidad y asegurar al mundo un proceso real y duradero. El secreto para una empresa de colaboración de éxito es que los miembros sean honrados y conozcan el gran valor de la cooperación. Hay que fijarse de antemano un objetivo progresista. Gestionar en común una cierta cantidad de dinero, sólo para poder emplearlo mejor, y exigiendo tasas de interés de usura además, es un objetivo pésimo. Pero el trabajo agrícola o la producción casera, en cooperación, es indudablemente un buen objetivo, que está a favor del interés nacional.

Página contigua: grupo de pastores nómadas conduciendo los rebaños por tierras recién segadas.

Abajo: campesinos trabajando en un arrozal. El arroz está en la base de la economía alimenticia de India.

El crédito, que se está convirtiendo en la fuerza monetaria del mundo, tiene para Gāndhī escasa base moral y no es sinónimo de confianza o de fe, que son cualidades puramente morales. A los bancos no les importa el carácter moral del cliente, se contentan con que haga frente con puntualidad a sus descubiertos o sus letras de cambio. El sistema crediticio ha enredado la tierra como la espiral de una serpiente, y tiende a apretarla cada vez más, hasta asfixiarla. El movimiento cooperativo sólo será una bendición para India si sabe ser un movimiento moral, rígidamente controlado por hombres movidos por el fervor religioso. De ello se deduce que la cooperación ha de ser cosa exclusivamente de hombres deseosos de rectitud moral, impedida sólo por la pobreza y el peso de los créditos. El facilitar préstamos a bajo interés no hará inmorales a hombres morales. Pero un estado prudente, o los filántropos sensatos, deberán ayudar, en vías de mejora, únicamente a los hombres que se esfuercen por ser buenos. Demasiado a menudo la prosperidad

Arriba: mercado de productos agrícolas cerca de Udaipur (Rajasthán).

Página contigua: trabajo en un campo con una trilladora de rueda.

material se identifica con el crecimiento moral. Confiando en este modelo, el éxito del movimiento no se medirá por el número de cooperativas que se formen, sino por la calidad moral de sus componentes. En ese caso, los funcionarios estatales deberán comprobar el crecimiento moral de las cooperativas existentes antes de multiplicarlas. Y el gobierno deberá vincular su promoción no al número de sociedades registradas sino al éxito moral de las instituciones existentes. Eso evitará que el dinero adelantado acabe en las cuentas del vendedor de vino de palma, o en los bolsillos de propietarios de garitos de juegos de azar.

Para el desarrollo positivo de la cooperación en las aldeas tiene una importancia particular el movimiento por el tejido artesanal del algodón. Esta actividad era para el campesino indio una fuente adicional de sustento y una garantía contra las carestías. Hoy, mientras que hace falta investigar para mejorar el funcionamiento de los telares ortodoxos, hay que desalentar a los jóvenes instruidos de buscar ocupación en puestos públicos, pensando que la educación no les hace adecuados para un trabajo independiente. Hace falta que ellos se convenzan de que la tejeduría es un trabajo tan honorable como el de las profesiones. Otro problema serio es el relativo a la cría del ganado. Con el sistema de cooperativa, ningún campesino estará ya obligado a tener el ganado en casa, como hace hoy, con la consiguiente mejora de las condiciones higiénicas de vida. En la cooperativa, los animales pueden aumentar de número sin crear problemas de espacio. Están dotadas de asistencia médica, garantizada por el veterinario, lo que sería imposible en la familia individual. En la cooperativa, un único toro seleccionado puede estar disponible para numerosas vacas, lo que asegura la reproducción. Y se obtienen otras numerosas ventajas en relación con los terrenos de pasto, el gasto en heno o la venta de leche a buen precio.

También en lo referente al trabajo de la tierra, Gāndhī opta por la actividad en cooperativa. En su opinión, si la tierra se ara y cultiva en cooperación, permitiría un ahorro notable de trabajo, de capitales y de aperos. Los propietarios individuales trabajarían en cooperación y poseerían capital, aperos, animales y simientes en cooperación. Ello cambiaría la cara de India y alejaría, de un golpe, pobreza y pereza. Pero para esto, según Gāndhī, hacen falta relaciones de amistad entre las personas que deben sentirse como en una sola familia. Son los agricultores los que más necesidad tienen de un sistema cooperativo. La tierra pertenece al estado, por lo que rinde al máximo si se trabaja con dicho sistema. Absolutamente contrario a la industrialización masiva, Gāndhī consideraba que ésta conduciría a la explotación activa y pasiva de los habitantes de la aldea, con el surgimiento de problemas de competencia y de mercado. Según su teoría, las aldeas deberían producir sólo para el consumo, concentrándose en la autonomía y la autosuficiencia.

Según Gāndhī, le industrialización no es un remedio. La indigencia y la pobreza son insoportables y deben desaparecer. Pero el mal no está en los sistemas arcaicos de producción sino en el egoísmo y la falta de consideración hacia el prójimo. Occidente ha tenido un exceso de industrialización y de explotación. Ni los barcos de vapor ni el telégrafo son indispensables para el bienestar futuro de la raza humana. No deben ser considerados como un fin. Pueden permanecer, si lo logran, pero sin el soporte de la industrialización y cuanto ésta comporta. El uso del vapor y de la electricidad son, sin duda, útiles, pero deben ser empleados en las circunstancias debidas, y sólo tras aprender a evitar el industrialismo. Derrotar el industrialismo a cualquier precio es, pues, imperativo del momento.

El industrialismo depende de la capacidad de explotación, de la apertura de mercados extranjeros y de la ausencia de competencia. «Estos factores son cada vez más inciertos para Inglaterra –comentaba el *Mahātmā*– donde el número de desempleados crece continuamente». «Y si éste es el estado de Inglaterra –se pregunta– un país tan grande como la India seguro que no ha de esperar sacar provecho de la industrialización (...) ¿No veis la tragedia de la situación? Mientras nosotros podemos encontrar trabajo para nuestros trescientos millones de parados, Inglaterra no logra encontrarlo para sus tres millones, y el problema que debe afrontar desafía a sus mayores intelectos».

El futuro del industrialismo es oscuro, según Gāndhī. Contrariamente a las convicciones del pandit Nehru que, desde posiciones socialistas, inspiradas por la Unión Soviética, consideraba que una economía sometida a colectivización podía liberarse de los males del capitalismo, Gāndhī estaba convencido de que los males eran intrínsecos al industrialismo, y que ninguna colectivización en el mundo podría extirparlos. Con una población de trescientos millones de habitantes –Gāndhī aludía al censo de 1921–, si India, una vez potentemente industrializada, se diese a actuar en el terreno económico, como lo había hecho una isla tan pequeña como Gran Bretaña, en muy poco tiempo dejaría el mundo desnudo, como tras el paso de un ejército de langostas. Las máquinas se han tomado su espacio, mas no se debe permitir que sustituyan el trabajo humano. Un arado perfeccionado es algo bueno, pero si por ello pudiese desarrollar por sí solo el trabajo de cien campesinos, causando su paro, ya no lo sería tanto.

La postura de Gāndhī frente a las máquinas y las innovaciones tecnológicas recuerda la de los «luddistas» ingleses de la época de la revolución industrial, con la diferencia de que Gāndhī en ningún caso habría recurrido a la violencia. Bienvenidas sean las máquinas, pero a condición de dar a miles de campesinos alguna otra actividad que practicar en casa. En otras palabras, es legítimo el uso de las máquinas, hasta de las más

complejas, pero a condición de que ello favorezca el interés general. La propuesta gandhiana del hilado a mano se había hecho para alejar la miseria y oponerse a la falta de trabajo y de riqueza. Gāndhī no era contrario indiscriminadamente a las máquinas, sino a su proliferación salvaje. «Si una máquina o un apero reducen el cansancio de millones de indios que trabajan en casa, sean bienvenidos. Hay que ser contrarios a la manía de las máquinas, no a la máquina en sí», decía. Porque detrás de dicha manía se oculta no la voluntad filantrópica de ahorrar cansancio a las masas trabajadoras, sino la codicia del máximo beneficio. Por eso hay que dejar de utilizar los conocimientos y los descubrimientos científicos como meros instrumentos de codicia. Por producción masiva no se ha de entender la fabricación de millones de unidades de un producto, hecha por una o unas pocas máquinas altamente sofisticadas, sino pocos productos hechos por trabajadores indios en millones de casas. No hay que ser contrarios a la introducción de las máquinas; mas se debe proveer a esta necesidad no indiscriminadamente, sino sólo cuando es necesario, y sólo cuando, tras haber impreso al *ahimsa* la propia vida, sea posible controlarlas.

La palabra *khādī* significa el inicio de la libertad económica y la igualdad de todos en India. Pero debe ir unida a una mentalidad completamente *swadeśi*, es decir, a una determinación por buscar todo lo necesario para la vida, con el fin de una autosuficiencia completa. Las aldeas, perfectamente autónomas, servirán voluntariamente a las ciudades de India, e incluso al mundo exterior, a condición de que sea en interés recíproco. Y esto exige, en la mentalidad de muchos, un cambio revolucionario. *Khādī*, según Jawaharlal Nehru, es «la divisa de la libertad de la India».

¿Tiene futuro la no-violencia?

«El *satyāgraha* es una fuerza que -si se tornase universal- revolucionaría las ideas sociales y pondría fin al despotismo y al militarismo, crecientes sin descanso, bajo los que gimen aplastadas las naciones occidentales, y que amenazan con someter hasta a las naciones de Oriente». Son palabras de Gāndhī publicadas en «Young India» el 3 de noviembre de 1927. A principios de los años Cuarenta se le preguntó al *Mahātmā* si, una vez lograda la independencia, el *satyāgraha* podría erigirse en principio de comportamiento político en India, ya libre, o si, por el contrario, en caso de conflictos internacionales, el país recurriría al método experimentado de la guerra, aunque fuese

El primer ministro Jawaharlal Nerhu en coloquio con estudiantes indios de la India House de Londres; a su espalda, el retrato de Gāndhī.

El papa Juan Pablo II lanza pétalos de rosa sobre el monumento erigido en el lugar de la incineración de Gāndhī en Delhi.

en función estrictamente defensiva. Además, se le preguntó también si, en caso de agresión extranjera, y dando por descontada la aplicación del *satyāgraha* como política de estado, cómo proveería India a su defensa. ¿Podrían los ciudadanos suspender el *satyāgraha* y esperar la ocupación total del país por parte del enemigo, para iniciar después la acción no-violenta, para tener una contraparte sobre la que ejercer la presión moral? Gāndhī no se negó a responder, aunque dijo que los problemas enunciados eran ciertamente prematuros, y que, siendo el *satyāgraha* una experiencia aún en curso, él no podía afirmar tener pleno dominio de la no-violencia. En cualquier caso, declaró que las posibilidades de que la no-violencia se convirtiese en un principio cardinal de la política de un estado eran –en su opinión– muy exiguas en líneas generales. Según Gāndhī, India era el único país con posibilidades de convertirse en un estado así.

En su opinión, suponiendo que la India llegue a adquirir la independencia, a través de la no-violencia pura, podría igualmente conservarla valiéndose del mismo medio. Un hombre, o una sociedad no-violentos, no prevén agresiones exteriores, y no toman precauciones para semejante eventualidad. Al contrario, una sociedad de esas características, cree firmemente que ninguno les causará ofensa alguna. Si la amenaza se perfila en el horizonte, a los no-violentos se les ofrecen dos soluciones. Permitir la ocupación del país, y negarse a cooperar con el agresor. De ese modo, si un nuevo Nerón –*Mahātmā* recurre a la historia de Roma para expresar sus conceptos– se abatiese sobre India, los representantes del estado le dejarían actuar sin interferencias, pero sin permitirle ninguna ayuda por parte de la población, que preferiría la muerte antes que el sometimiento. La solución de la segunda hipótesis podría ser la resistencia no-violenta, practicada por gente experta formada en dicha disciplina. Ésta debería presentarse sin armas ante los cañones del agresor. En ambos casos, la condición imprescindible es que el mismo Nerón no esté desprovisto de corazón. El inesperado espectáculo de hileras de hombres y mujeres dispuestos a morir pero no a plegarse a la voluntad del agresor habría de acabar por conmoverlo. Desde el punto de vista práctico, las pérdidas en vidas humanas no deberían ser superiores a las que se producirían en caso de resistencia armada. No habría ninguna necesidad de armas ni de fortificaciones.

Y tampoco hay derrota en el caso de la resistencia no-violenta.

El que nada de esto haya podido demostrarse aún no quita verosimilitud a tal posibilidad. La historia está llena de ejemplos de no-violencia individual del tipo mencionado. Nada autoriza a decir o a pensar que un grupo de hombres o mujeres no pueda, con la formación suficiente, actuar de manera no-violenta a nivel de grupo o de nación. En realidad, la andadura de la experiencia humana nos dice que, de una u otra forma, los hombres siguen existiendo. De este hecho se puede deducir que es la ley del amor la que gobierna la humanidad. Si la violencia, que es el odio, ha gobernado a los hombres hasta ahora, con el tiempo podrá ser superada. Infortunadamente, el drama está en constatar que los hombres y las naciones denominados civiles se comportan como si el fundamento de la sociedad fuese la violencia. Demostrar con los hechos que el amor es la única y suprema ley de la vida sería un modo digno de realizar el *satyāgraha*.

Aldo Capitini

«La atención y la gratitud hacia Gāndhī siempre han estado conectadas, en mí, con problemas que se me presentaban y en los que me comprometía con soluciones meditadas; y por eso no puedo reclamarme más seguidor *de él que de otros, porque el problema no es de Gāndhī o de otros, sino de un trabajo que no se deriva de un* revelador, *sino que surge de todas partes, incluso de los humildes y anónimos, y es coral, para renovar el mundo».*

Aldo Capitini,
La no-violencia hoy, 1962

Difusión del pacifismo en el mundo

El conflicto iniciado en agosto de 1914 había introducido elementos nuevos en el modo de conducir la guerra, típico del s. XIX. La movilización general de todos los hombres válidos, la creación de ejércitos de millones de combatientes, la formidable demanda del aparato militar-industrial llamado, en una lucha contra el tiempo, a competir en la producción de armamento en cantidades diversificadas y cada vez mayores, habían revolucionado el concepto de la guerra. No ya sólo el enfrentamiento de ejércitos contrarios en el campo de batalla, sino el enfrentamiento generalizado de pueblos enteros llamados a sostener la lucha no sólo en el frente, en las trincheras, sino también en las fábricas, por las crecientes necesidades de la producción bélica, y en los campos, por las relacionadas con la producción agrícola, en el sector igualmente vital de la alimentación. Se asistía a un hecho totalmente inusual: las mujeres, ligadas tradicionalmente al mundo doméstico, eran llamadas para sustituir, en las fábricas y en la realización de algunos servicios esenciales, a los hombres, sujetos a la obligación militar. Las ciudades –con la aparición de la nueva amenaza representada por los dirigibles y los primeros aeroplanos- estaban indefensas ante los temibles, aunque primitivos, bombardeos aéreos. De todo ello surgía el «frente interno» que, por su importancia y delicadeza, necesitaba desde aquel momento cada vez mayor atención por parte de los responsables de la propaganda, a fin de garantizar su solidez y motivación.

En el frente, la guerra utilizaba armas de destrucción masiva cada vez más inhumanas, como los agentes químicos, que en la «Gran guerra» se utilizaron sin tasa. Piénsese en los gases irritantes como la iperita, o en los asfixiantes como el fosgeno.

El filósofo Norberto Bobbio se ha ocupado de cuestiones inherentes al pacifismo, aportando en sus escritos una serie de inspiradoras interpretaciones teóricas.

Por eso, no sorprende constatar, al término de la «inútil matanza» -como definió la guerra el pontífice Benedicto XV- el nacimiento, a partir de 1919 sobre todo en Europa, de movimientos pacifistas decididos a impedir la guerra o, al menos, a hacer que cada vez fuese menos factible. El pacifismo no era una novedad. Hacía tiempo que era patrimonio de movimientos y de creencias religiosas o laicas de lo más dispar: desde los cuáqueros a los Testigos de Jehová, de los ilustrados -contrarios a la guerra por razones de hermandad entre los hombres- al antimilitarismo socialista del s. XIX. Al día siguiente de la gran hecatombe, el hecho nuevo que había permitido al pacifismo un salto cualitativo era la mayor atención que se prestaba a la sazón al concepto de la no-violencia, que no es más que el intento de evitar la guerra haciendo hincapié en una reflexión moral y en modalidades concretas de su actuación práctica. Desde «el sermón de la montaña» -de cuño evangélico- a nuestra época, el pacifismo se había desarrollado siguiendo diferentes direcciones que han intentado, a partir del análisis de los motivos que originan las guerras, aportar indicaciones fiables para su eliminación. El filósofo Norberto Bobbio, en el libro *Il problema della guerra e le vie della pace* (Il Mulino, 1979), ha intentado dotar al pacifismo de una ordenación teórica, dividiéndolo en tres categorías: pacifismo instrumental, que persigue el objetivo de la paz a través del desarme y la no-violencia; el pacifismo institucional, que se fija el mismo objetivo y opera en el terreno político y jurídico favoreciendo la constitución de agregaciones de Estados cada vez más amplias, vinculados por legislaciones supranacionales que se construirían *ad hoc*, y basadas en el consenso; y el pacifismo finalista, que privilegia la educación civil y moral del hombre para extirpar de su naturaleza la pulsión al engaño y a la violencia.

También la propaganda para el desarme pertenece a esta categoría. Pero luchar por la reducción del volumen de armamento o por su control sin una iniciativa de mayor alcance, parece sólo un paliativo, una vía del medio que no resuelve el problema de raíz. El desarme representa el camino más fácil. Pero también el método no violento ha demostrado su validez, como en el caso de la positiva acción de Gāndhī en India. En el caso de India, el experimento pudo llevarse a cabo con éxito gracias a que se aplicó a un país, Gran Bretaña, que compartía los mismos principios de libertad y democracia que empujaban a Gāndhī a la acción. El resultado final sería dudoso si el experimento se hubiese desarrollado frente al comunismo o al nacionalsocialismo. Regímenes que han demostrado, con los hechos, no tener reservas de orden moral a la hora de tratar el «material humano».

De estas consideraciones se desprende que sólo el denominado pacifismo finalista podría llevar a la solución definitiva del problema. En todo caso, la consolidación definitiva de ese objetivo requeriría, sin duda, un camino cuya duración no puede, de momento, ni ser imaginada. En esta dirección, han hecho algunos intentos los preconizadores de la «pedagogía antiautoritaria». Una de ellas la de María Montessori (1870-1952) que, en el campo de la medicina infantil, tras importantes experiencias en la recuperación de niños con problemas, formuló, en los años Treinta, metodologías innovadoras incluso para el aprendizaje normal. Según ella, el proceso educativo del niño es un «hacerse», pues es el niño quien se autoeduca en un ambiente sin obstáculos y con abundantes motivos de interés y estímulos, y la tarea del adulto consiste únicamente en prestarle, si cabe, la ayuda necesaria para llevar a término el proceso de su transformación en hombre. También el austriaco Rudolf Steiner, nacido en Hungría en tiempos del imperio austrohúngaro, teórico de la antroposofía de derivación teosófica, fue un innovador pedagógico. En Dornach, cerca de Basilea, donde había levantado una singular construcción, el *Goetheanum*, mitad templo y mitad escuela, propugnaba la difusión de su *Weltanschauung* esotérica y sincrética. Sus ideas han encontrado seguidores sobre todo en el mundo germánico. La creación de una institución educativa privada, denominada *Waldorfschulen*, tenía la misión, actuando sobre los jóvenes, de difundir los contenidos. Y cabe mencionar también a Benjamín Spock, pediatra estadounidense, preconizador de

una educación de los niños menos rígida, y de una escucha más atenta a sus necesidades en la edad del desarrollo. Sin embargo, en los años sesenta se le consideró responsable de haber favorecido con su actitud antiautoritaria el surgimiento de una generación de jóvenes rebeldes, que desembocaría en la contestación del 68. Pacifista y antirracista convencido, Spock se opuso a la guerra de Vietnam, razonando su postura en 1968 con el libro-denuncia *Spock on Vietnam*, y no dudando en participar en *sit-in* pacifistas de protesta contra la guerra y los ensayos nucleares.

En Italia, el sacerdote católico don Lorenzo Milani (1923-1967) funda en Barbiana, localidad de Toscana, una escuela popular inspirada en los ideales de recuperación de los más humildes. En 1967 se había manifestado a favor de la objeción de conciencia frente al servicio militar. Permaneció en Barbiana hasta su muerte, dedicado a la enseñanza en su escuela. De la experiencia de Aldo Capitini, se hablará más adelante.

Quizás el camino que más éxitos ha proporcionado haya sido el pacifismo institucional que, orientado a controlar mediante una compleja estructura jurídica a los países firmantes del pacto, hace imposible un comportamiento distinto. Se trata de ampliar a los Estados y las naciones los principios jurídicos que regulan la convivencia pacífica interior en los mismos Estados individuales. Este intento, que parece dar resultado al menos a escala regional –y la experiencia de la construcción de Europa lo confirma–, podría conducir, a la larga, a la creación de un organismo global capaz de abarcar, dentro de su edificante abrazo jurídico, al mundo entero, haciendo así imposible la guerra, y remitiendo a la fuerza de la ley la solución de cualquier diferencia.

Éste es el estado actual del movimiento pacifista, que tiene su origen en el pasado y en las denuncias de individuos singulares empujados a la acción por el horror de la guerra y el deseo de exorcizarla mediante propuestas de carácter filantrópico. Durante el siglo XIX, y hasta la Primera

Página contigua, arriba: el pediatra y pedagogo estadounidense Benjamin Spock.
Abajo: Maria Montessori, fundadora en 1907 de la Casa de los niños, institución donde puso en práctica sus revolucionarios criterios educativos.

Derecha: el padre Milani, sacerdote de inspiración pacifista, con unos jóvenes de su escuela en Barbiana.

guerra mundial, el pacifismo se concentraba sobre todo en los países anglosajones y estaba referido a sectas religiosas o a posiciones reformistas y humanitarias de movimientos políticos o de opinión. Se puede decir que no existía una experiencia directa de métodos no violentos. Pero algo se movía ya antes; no se olvide que el suizo Jean-Henri Dunant, conmovido por la terrible visión de los heridos y los mutilados del campo de Solferino, tras la batalla de 1859, había madurado la decisión de comprometerse en la actividad filantrópica que llevó a la creación de la Cruz Roja Internacional, y que en 1901 se había instituido el premio Nobel de la Paz. Por otra parte, en 1864 se había unido a la redacción del texto de la Convención de Ginebra que tutelaba, bajo el aspecto de la humanidad y la dignidad, la condición de los prisioneros de guerra. La Primera guerra mundial había sancionado la derrota del pacifismo ochocentista, impotente frente al creciente belicismo y, como consecuencia de la traumática experiencia, comenzaban a tomar forma nuevas instancias, como la objeción de conciencia. Ésta tenía su origen en la conscripción obligatoria, sobre todo allí donde, hasta entonces, no lo era. En Gran Bretaña la obligatoriedad se había introducido en 1916 y junto a ésta disposición se había regulado también la objeción, aunque de forma restrictiva.

Al estallar la guerra en 1914, se habían formado en Inglaterra organizaciones pacifistas en su mayoría de carácter religioso. La *Fellowship of reconciliation*, por ejemplo, creada por un grupo de pacifistas cristianos, tenía por objeto contestar la acción de las Iglesias favorables al conflicto, mientras que la *Non-conscription fellowship*, abierta también a los laicos, era contraria a la conscripción obligatoria y favorable a la objeción de conciencia. Por el contrario, en Estados Unidos, donde no existía una tradición como la inglesa de presencia socialista con su antimilitarismo, la conscripción obligatoria introducida por ley en 1917 era más restrictiva respecto a la objeción de conciencia que en Gran Bretaña. Por ello, durante la Primera guerra mundial sólo se dieron formas de pacifismo en los países anglosajones donde la conscripción militar no existía, mientras que en la Europa continental, donde existía desde hacía tiempo, no hubo manifestaciones de pacifismo apreciables, también por falta de formaciones religiosas como la de los cuáqueros. Además, los principales partidos socialistas, a excepción del italiano, abandonaron su carácter internacionalista para apoyar la decisión de sus respectivos gobiernos nacionales. El primero, el Partido socialdemócrata alemán, que no dudó en

Jean-Henry Dunant (1828-1910), fundador de la Cruz Roja Internacional y premio Nobel de la paz en 1901.

Página contigua: Erich Maria Remarque, autor de la novela *Sin novedad en el frente*, 1929.

apoyar al *Kaiser*, votando las leyes para los créditos de guerra.

Fue tanta la sangre derramada que a partir de 1918, al final del conflicto, tomaba cuerpo la idea de crear un organismo internacional capaz de dirimir las diferencias entre países con el fin de evitar la guerra. También cobró fuerza esta propuesta por la decisión estadounidense de intervenir en el conflicto en 1917, y la voluntad expresa de su presidente de luchar por la libertad de los pueblos y por una paz democrática. En su mensaje al Congreso del 8 de enero de 1918, Wilson había enunciado los «Catorce puntos» que debían constituir el fundamento de las nuevas relaciones internacionales. Entre éstos, muy significativos, la autodeterminación de los pueblos y la creación de una Sociedad de Naciones. Ésta se constituyó el 28 de abril de 1919, pero nació muerta por distintos motivos. En primer lugar, porque no poseía poderes efectivos para dirimir las controversias, y luego porque no fue ratificada por los Estados Unidos, es decir, por el país promotor. Luego, perdió aún más prestigio, pues fue utilizada por las principales potencias europeas –empezando por Gran Bretaña– únicamente cuando convenía implicarla en apoyo de sus intereses particulares.

Hasta el estallido de la Segunda guerra mundial no se habló más que de desarme, y hubo numerosos acuerdos y conferencias internacionales que situaban esta necesidad en el orden del día. Pero todo acabó bruscamente en 1933 cuando, con la llegada al poder del nacionalsocialismo, Alemania decidió salir de la Sociedad de Naciones e iniciar una política de rearme. A ello contribuyó también la política punitiva desarrollada por los vencedores frente al imperio derrotado del *Kaiser* Guillermo. Las premisas para el estallido de la nueva guerra mundial se habían sentado en

Versalles con decisiones absurdas, como la del «corredor polaco» que, para garantizar a Polonia una salida al mar, cortaba Prusia en dos, aislando los territorios orientales del resto de Alemania. En la época de la Primera guerra mundial, el pacifismo sólo tenía presencia significativa en los países anglosajones. En el resto del mundo, su peso era escaso o nulo, con la única excepción de Rusia, donde la presencia de sectas cristianas y la herencia del pensamiento pacifista y no violento de León Tolstoi podían constituir una base suficiente para la creación de un movimiento capaz de influir en la sociedad. Pero la progresiva preeminencia y consolidación del poder soviético habían acabado con cualquier forma de activismo en este terreno y la utilización por parte del régimen de la fraseología pacifista no será más que un intento de instru-

mentalización. La República de Weimar no había desarrollado una campaña pacifista significativa, sino que sólo había dado vida al intento de las izquierdas por contrarrestar la propaganda nacionalsocialista por el rearme y la denuncia del Tratado de Paz.

En España y en la Italia fascista no hubo sitio para forma alguna de pacifismo. El fascismo, totalmente devorado por el ansia de hacer de los italianos un pueblo militarista y guerrero, y por construir una conciencia imperial que le hiciese digno de pasadas grandezas, era ajeno absolutamente a cualquier concesión al movimiento. Durante la guerra, se dio en Francia el testimonio de Romain Rolland (1866-1944), escritor pacifista, profesor de historia del arte, refugiado en Suiza al estallar el conflicto, donde publicó en 1915 *Au-dessus de la mêlée*, una llamada a la fraternidad humana y una reflexión sobre el papel de los intelectuales y sobre su deber de denuncia frente a la irracionalidad de la guerra. Amigo de Gāndhī, redactó una breve biografía, en 1924, en un libro sobre la vida de hombres ilustres.

La trágica experiencia de la «Gran guerra» había provocado una revitalización del pacifismo en Gran Bretaña. Se habían creado nuevas asociaciones, algunas de las cuales conjugaban pacifismo y socialismo, como el *No more war movement*, creado en 1921 y que en 1937 se fusionaría con la *Peace pledge union*. En Estados Unidos los movimientos pacifistas, más de carácter religioso que político, se convirtieron en el punto de encuentro de quienes promovían temáticas de fondo social poniendo en discusión el militarismo y la guerra. A crear un ambiente culturalmente favorable a la difusión de los temas pacifistas también contribuían algunas novelas de gran éxito, escritas por narradores de fama con experiencia directa en la guerra o que la habían estudiado de cerca. Ernest Hemingway (1899-1960) ambienta su *Adiós a las armas* en el frente italiano, donde había servido en las líneas sanitarias del ejército americano. Y Erich Maria Remarque (1898-1970), escritor alemán voluntario en la «Gran guerra» a los 18 años, con su novela *Sin novedad en el frente*, que ofrece una visión del significado de la guerra desde el punto de vista de los combatientes alemanes. El libro, un éxito editorial mundial, se interpretó unánimemente como una condena de la guerra y de la violencia.

Un caso bien particular es el de India, donde el pacifismo de matriz occidental se inserta, con evidente éxito, en la tradición no violenta hindú, orientada al respeto máximo de toda forma de vida. Con su «agresividad» no violenta, Gāndhī, dosificando sabiamente no-cooperación y desobediencia civil, actuando con lealtad y gran espíritu de sacrificio, y a veces también con sagacidad y astucia política, logra con indudable habilidad llevar a la India a la independencia. Un resultado ciertamente extraordinario aunque la teoría gandhiana, en el análisis de los movimientos pacifistas europeos, presentaba algunas ambigüedades, como la participación voluntaria en las guerras y la aceptación del servicio militar en el país. A algunos pacifistas europeos, sobre todo los de extracción religiosa, la actitud de Gāndhī más que «pacifismo» les parecía «guerra sin derramamiento de sangre». Según éstos, había que trabajar por una auténtica pacificación y no por una «guerra no violenta».

En el periodo entre los dos conflictos mundiales, el filósofo Bertrand Russell (1872-1970) llevó agua al molino de Gāndhī: anticipando las temáticas de la resistencia pasiva, Russell logró que Occidente fuese receptivo a las iniciativas del *Mahātmā*. El caballo de batalla del filósofo inglés eran los temas ligados a la educación no violenta, es decir, el conjunto de normas pedagógicas orientadas a extirpar del hombre nacionalismo y fanatismo, evitando desarrollar el instinto de agresividad hacia otros seres humanos. También Albert Einstein (1879-1955), pacifista y defensor de los objetores de conciencia, actuó por la paz. Mas, tras el fracaso de la «Conferencia por el desarme» de 1932, que tildó de farsa, ante el peligro hitleriano no dudó en mantener la necesidad del uso de la fuerza por parte de las democracias, favoreciendo las investigaciones sobre el átomo que les permitiera la primacía en la carrera hacia la bomba nuclear, por delante de Alemania.

La guerra de Abisinia, la Guerra civil española y la Segunda guerra mundial sometieron a dura prueba, obviamente, a todos los movimientos pacifistas del mundo. A fines de 1945, al término del terrible cataclismo mundial, tras los horrores de la persecución racial y la ferocidad de las guerras civiles que fueron el nefasto corolario, la humanidad se encontró debiendo hacer frente a una novedad absoluta, el arma nuclear, capaz, utilizada a gran escala en un conflicto sin exclusiones, de poner fin a la civilización humana. Y es a partir de los años cincuenta cuando –frente a la terrible amenaza inducida por la guerra fría y un enfrentamiento ideológico sin precedentes por la amplitud y peligrosidad entre los países del denominado «mundo libre» y los del Este europeo, liderados por Moscú– vuelven con fuerza los movimientos pacifistas con el objetivo primero de un desarme nuclear equilibrado, para fomentar luego la no violencia y alcanzar después el rechazo a la guerra de Vietnam. Objetivos que se ampliarán más tarde y se sumarán a otros, como el movimiento por los derechos civiles contra la

Página contigua: el filósofo inglés Bertrand Russell, convencido pacifista.

Abajo: hippies en el concierto de rock de 1969, en Hyde Park, Londres.

segregación racial, el feminismo, el ecologismo o el servicio civil alternativo al militar.

Desde la *Beat generation* de los años cincuenta a los *Hippies*, preconizadores del *Flower power* en los años sesenta, y los *Freaks* de la siguiente década, el compromiso de los jóvenes en el terreno del pacifismo y el rechazo de la violencia fue constante, desarrollándose concretamente con manifestaciones, reuniones y conciertos de música alternativa. Fue memorable el de Woodstock, localidad de Estados Unidos, en el estado de Nueva York donde, en agosto de 1969, convergieron miles de jóvenes para escuchar música rock y que constituyó un acontecimiento fundacional en la historia del movimiento juvenil. En los años sesenta, fragmentos de canciones interpretadas por cantantes *folk* como Joan Baez y Bob Dylan se convirtieron en himnos de las manifestaciones pacifistas de los estudiantes americanos.

En India, a la muerte de Gāndhī, sus partidarios intentaron lanzar las bases de un movimiento no violento de justicia social tendente a remediar la situación de terrible indigencia de las masas. Se procedió, por un lado, a la donación gratuita de tierra a los que no tenían nada, y por otro, a la

Arriba: Joan Baez y Bob Dylan durante un concierto a favor del pacifismo.

Página contigua, arriba: Martin Luther King (1929-1968) durante un discurso público.
Abajo: un momento de la manifestación a favor de la integración racial, celebrada en Washington en agosto de 1963, donde participaron unas 200 000 personas.

Izquierda: una boda hippy en los años sesenta.

creación de un ejército no violento con la tarea de intervenir en el interior del país cada vez que se presentase la necesidad, para hacer frente a los conflictos internos impidiendo que degenerasen. Siguiendo este ejemplo, se estudió en Occidente la creación de una fuerza específica capaz de situarse entre los beligerantes para impedir que chocasen.

En julio de 1934, Bartolomé de Ligt (1833-1938) había pronunciado en Inglaterra una conferencia en la que había expuesto su plan contra la guerra. De Ligt era un pacifista holandés, sociólogo, y estaba convencido de que hacía falta dotar al movimiento antimilitarista de una estructura organizativa y un conjunto de reglas que oponer a la máquina de preparación bélica estatal. Su lema era: «Soldados y trabajadores, id a la huelga». Según él, para una movilización moral no hacía falta una movilización militar. Hacía falta una educación y un entrenamiento, iniciados mucho antes, para resistir al contagio moral del entusiasmo nacionalista.

En Estados Unidos existía desde 1942 un movimiento antisegregacionista que se proponía llevar a los negros a la plena emancipación y al pleno disfrute de los derechos civiles. Cuando asumió su dirección el reverendo Martín Luther King, de Atlanta, un sacerdote negro perteneciente a la Iglesia baptista, el movimiento logró considerable notoriedad. A diferencia de lo sucedido en India, King actuaba en el interior de la osamenta constitucional americana con la facultad de dirigirse, por sus instancias, al Tribunal Supremo, que no podía obviamente infravalorar el problema de la discriminación racial. Ordenado pastor en 1947, King pronto se había distinguido en la *National association for the advancement of colored people*, en la que había introducido el método de lucha gandhiano de la no-violencia. Después fue pastor en Montgomery, Alabama, que convirtió en uno de los centros más activos del movimiento para la integración racial, para pasar en 1960 a Atlanta. Se hizo famoso como organizador, siguiendo el ejemplo de Gāndhī, de marchas por los derechos civiles, encabezando su ejército «no violento». Gozaba del apoyo de un hombre del peso, de John Fitzgerald Kennedy, el joven presidente de Estados Unidos, el hombre de la «nueva frontera», en un

momento en que otro grande, Juan XXIII, imprimía en Roma con el Concilio Vaticano II un cambio de rumbo en la predicación de la Iglesia, que se tornaba más atenta y sensible a las instancias sociales. Fue memorable la «marcha sobre Washington» del 28 de agosto de 1963 cuando doscientas mil personas, en el centenario de la «Proclamación de emancipación de Lincoln», convergieron a orillas del Potomac, frente al Lincoln Memorial, para escuchar el discurso de King: «Hoy os digo (...) que tengo un sueño en mi alma (...) Sueño con el día en que este País despertará y comprenderá el auténtico significado de su credo, ese credo para el que el hecho de que todos los hombres han sido creados iguales es una verdad que no necesita de manifestaciones». Tres meses después, el 22 de noviembre de 1963, Kennedy moría asesinado en Dallas, pero su fin no frenó la marcha de los negros hacia la integración. Se debe en buena parte a King que, en el verano de 1964, aún con la emoción suscitada por la muerte violenta de Kennedy, se aprobará la ley de derechos civiles. La ley había sido llevada al Congreso por el presidente católico el 19 de junio de 1963, pero sería Lyndon B. Johnson, su sucesor, quien la firmaría el 2 de julio de 1964, tras lograr su aprobación en el Congreso, a pesar de la fuerte oposición sufrida en el Senado.

El antagonista de King era Malcolm X, el líder del *Black Power (Poder negro)*, en otro tiempo dirigente de los *Black Muslims*, la secta de los *Musulmanes negros*, cuyo discurso era exactamente el contrario del de King, contando únicamente con la violencia para hacer valer el derecho a la emancipación de la población negra. Malcolm X, restando consenso al discurso de King, hacía más difícil y menos incisiva la acción del apóstol negro. Moriría asesinado durante unos comicios en una sala de baile de Harlem el 21 de febrero de 1965, víctima de venganzas internas de los *Black Muslims*. El único aspecto de Malcolm en el que King coincidía era en el ligado a la internacionalización del problema negro. A partir de esta reflexión, King fue radicalizando sus convicciones que le llevaron a una postura de claro disenso frente a la guerra de Vietnam. La estrella de King empezaba a declinar y su idea de lucha no violenta encontraba cada vez más dificultades para influir en la población negra. Nacían nuevas organizaciones radicales que propugnaban lucha sin cuartel a la hegemonía blanca e, incluso, formas de racismo a la inversa frente a los blancos. Nacía el *Black Panther Party*, y hombres como Bobby Seale, Huey Newton y Stokely Carmichael eran los nuevos ídolos de los barrios negros. King ya no lograba el pleno control de las manifestaciones en las que participaba. Y el eslogan *Black Power*, contraria a sus convicciones, ya era el que dominaba en las manifestaciones callejeras. El clima pacífico y festivo de la marcha de los doscientos mil sobre Washington era un recuerdo lejano. Y cuando la bala de su asesino lo alcanzó en Menphis, en la terraza del hotel donde se alojaba el 4 de abril de 1968, Martín Luther King no podía, en puridad, sentirse un derrotado, pero el empuje del movimiento no violento que él había contribuido a crear en los *States* estaba ya en declive. En Europa, la campaña pacifista había recobrado vigor a partir de 1958 con una serie de iniciativas orientadas al desarme nuclear. En Gran Bretaña eran célebres las marchas antinucleares anuales que agrupaban a cientos de miles de personas. Eran manifestaciones de masas que movilizaban las organizaciones más dispares y que producían divisiones en las organizaciones pacifistas más intransigentes pues, a su juicio, protestar contra la bomba atómica ignorando las demás armas no tenía sentido. Pero estas grandes manifestaciones acababan por solaparse con cuestiones políticas e ideológicas que a menudo llevaban a marginar o instrumentalizar a las direcciones pacifistas que las habían ideado. Al objetivo inicial del desarme nuclear se añadió la exigencia del cambio no violento de la estructura social que expresaba y alimentaba la carrera nuclear, lo que desencadenaba problemas adicionales políticos e ideológicos nada fáciles de controlar. Se discutía sobre la necesidad de realizar acciones directas de desobediencia civil, como las llevadas a cabo por Gāndhī en India y por King en Estados Unidos. Pero la identificación de los objetivos no era cosa fácil ni de percepción inmediata por parte de todos. De 1961 data el *Manual del organizador de la acción directa no violenta* compilado por Charles C. Walker, un pacifista americano que, en su trabajo, tenía en cuenta las experiencias, sobre todo, de las grandes campañas gandhianas. El manual, dividido en quince secciones, suministraba una serie de directrices para la preparación, metodología, adiestramiento, puesta en acción, control de las represalias y mantenimiento de la unidad.

En Italia, a partir de 1961 se lleva a cabo anualmente la «Marcha de la paz», 23 kilómetros desde

Página contigua: Martín Luther King saludando a la multitud ante el Lincoln Memorial de Washington.

Abajo: Malcolm X, líder del Black Power, durante un mitin en Newark, en New Jersey.

Perugia a Asís. Fue Aldo Capitini (1899-1968), figura singular de filósofo y pedagogo de inspiración cristiana, quien ideó una marcha que diese testimonio de la voluntad de paz y de la decisión de luchar por ella mediante el método de Gāndhī de la no violencia. El objetivo era vincular a san Francisco con Gāndhī, dos grandes maestros populares, activistas y divulgadores del método no violento. A Danilo Dolci (1924-1997), escritor y sociólogo, se debe la aplicación quizá más genuina de los métodos de Gāndhī en Italia (en particular, en los ayunos de los primeros años cincuenta). Cabe citar también a Marco Pannella, uno de los fundadores, en 1955, del Partido radical italiano.

Esta es una rápida, aunque no exhaustiva reseña de la situación del pacifismo. Pero ¿y el mundo? La caída del muro de Berlín en 1989 y el fin de la «guerra fría» parecían deber marcar el inicio de una nueva era de paz, al abrigo de diferencias ideológicas y militares. No ha sido así. La «guerra del Golfo», la disolución de la antigua Yugoslavia con su limpieza étnica, el atentado a las torres gemelas de Nueva York en septiembre de 2001, la guerra de Afganistán que se ha derivado de ello, así como la situación de inestabilidad crónica en algunas regiones de África (como Somalia) y el recrudecimiento del conflicto sin fin en Palestina no permiten el optimismo sobre un futuro de paz próximo. En la propia India, heredera de la extraordinaria experiencia no violenta de Gāndhī, se está desde hace tiempo al borde de una guerra con Pakistán. El siglo XX se ha clausurado en la angustia y el XXI ha comenzado de la peor de las formas y en el umbral del tercer milenio aparece todavía largo el camino y duro el trabajo de quien se inspira –de alguna manera y en alguna medida– en la obra y la espiritualidad del *Mahātmā*.

Arriba: los dos atletas negros suspendidos de las Olimpíadas en 1968 por haber efectuado el saludo del Black Power.

Abajo: una multitud festiva acompaña la histórica caída del Muro de Berlín, Alemania, 1989.

Aforismos de Gāndhī

«Si a lo que aspiramos es justo, ¿por qué recurrir a medios injustos? Éstos sólo podrán contaminar nuestras intenciones traicionando los fines».

Gāndhī M.K., Bardoli e Chauri-Chaura, 1922

«La no-violencia es el primer artículo de mi doctrina, y también es el último artículo de mi credo. La palabra que más se aproxima a mi interpretación de no-violencia es caridad».

«Young India», 23 de marzo de 1922

«En verdad no me preocupo por parecer coherente. En mi búsqueda de la Verdad, he abandonado muchas ideas y aprendido muchas cosas nuevas. Mi única preocupación es obedecer con diligencia la llamada de la Verdad, que es mi Dios, y si alguno encuentra incoherencias entre dos cualquiera de mis escritos, hará bien en quedarse con el último de los dos sobre el mismo tema».

«Harijan», 29 de abril de 1933

«No aprecio ni contradicción ni locura en mi vida. Es cierto que, así como no podemos vernos la espalda, tampoco podemos ver nuestros errores o nuestra locura. Pero yo me aferro a la convicción de no estar loco, sino de poder ser verdaderamente religioso. Cuál de las dos cosas yo sea en realidad, sólo podrá saberse después de mi muerte».

«Young India», 14 de agosto de 1924

«Sigo siendo un optimista, y no porque pueda ofrecer alguna prueba de que la justicia prosperará, sino por vía de mi inflexible fe en el hecho de que ésta, al fin, deberá prevalecer».

«Harijan», 10 de diciembre de 1938

«Mi vida está llena de alegría, en medio de un trabajo incesante. Como no tengo que preocuparme por lo que me reservará el mañana, me siento libre como un pájaro. La idea de estar incesante y honradamente en lucha contra las pulsiones de la carne me sostiene».

«Young India», 1 de octubre de 1925

«Trabajar sin fe es como intentar alcanzar el fondo de un pozo sin fondo».

«Harijan», 3 de octubre de 1936

«Ponerme al servicio de los pobres siempre ha sido el deseo de mi corazón y me ha empujado siempre a estar entre ellos, permitiéndome identificarme con ellos».

Gāndhī M.K., *An Autobiography or The Story of my Experiments with Truth,* 1927

«Mi vida es un todo indivisible. Todas mis actividades se fundamentan la una en la otra, y todas tienen su origen en mi insaciable amor a la humanidad».

«Harijan», 2 de marzo de 1934

«Sería imposible para cualquiera señalar un solo acto mío, en el transcurso de cincuenta años, que pueda definirse hostil frente a cualquier individuo o comunidad. Nunca he considerado a nadie mi enemigo. Mi fe me impone no considerar a nadie como tal. No puedo desear mal a ninguna cosa viva».

«Harijan», 17 de noviembre de 1933

«He admitido mi error. Pensaba que nuestra lucha se basaba en la no-violencia, cuando en realidad la nuestra sólo era resistencia pasiva, que es, en efecto, el arma de los débiles y desemboca inexorablemente en la resistencia armada siempre que es posible».

Gāndhī M.K., *Non-violence in Peace and War II,* 1948

«A menudo, el sobrenombre de *Mahātmā* me ha entristecido profundamente; y no recuerdo ningún momento en que pueda decir que me haya halagado».

Autobiography, 1927

«El más alto honor que mis amigos pueden hacerme es llevar a cabo, en su práctica de vida, el programa por el que lucho, y oponérseme con todas sus fuerzas si no creen en él».

«Young India», 12 de junio de 1924

«No me atribuyo nada de divino. No reivindico la calidad de profeta. No soy más que un humilde buscador de la Verdad empeñado en encontrarLa. Ningún sacrificio me parece demasiado grande para poder ver a Dios frente a frente. Toda mi actividad, llámese social, política, humanitaria o ética, está orientada a ese fin».

«Young India», 11 de septiembre de 1924

«Me declaro estudioso, bastante escrupuloso, de la naturaleza humana y analista de mis propios errores. He descubierto que el hombre es superior al sistema que propugna».

Andrews C.F., *Mahātmā Gāndhī's Ideas,* 1929

«Creo absolutamente en la verdad del dicho de que no se mueve una brizna de hierba sin Su voluntad. Será Él quien salvará mi vida si la necesita para servirse de ella aún en este cuerpo. Nadie puede salvarla contra Su voluntad».

Pyarelal, *The Epic Fast,* 1932

«En el pasado he sufrido agresiones, pero hasta ahora Dios me ha protegido, y los agresores se han arrepentido de sus actos. Pero si alguien hubiese de disparar contra mi convencido de librarse de un canalla, no asesinaría al auténtico Gāndhī, sino al que a él le parece un canalla».

«The Bombay Chronicle», 9 de agosto de 1942

«No quiero morir de una parálisis rastrera de mis facultades, como un hombre derrotado. El proyectil de un asesino puede poner fin a mi vida. Le daría la bienvenida. Pero desearía, sobre todo, consumirme cumpliendo con mi deber hasta mi último hálito de vida».

Pyarelal, *Mahātmā Gāndhī: The Last Phase* I, 1956

«Si no tuviese sentido del humor, me habría suicidado hace tiempo».

«Young India, 18 de agosto de 1921

Encontrar la Verdad entera es realizarse y cumplir el destino propio: devenir perfectos. Soy dolorosamente consciente de mi imperfección, y en ello está toda la fuerza que poseo, porque para un hombre, es muy difícil conocer sus propios límites».

«Young India», 17 de noviembre de 1921

«La Verdad es como un gran árbol, que cada vez da más frutos a medida que se le alimenta. Cuanto más se profundiza en la búsqueda de la mina de la verdad, mayor será el descubrimiento de las gemas encerradas en ella, en forma de perspectivas cada vez más variadas para servir al prójimo».

Autobiography, 1927

«Mi religión me enseña que, cada vez que uno es presa de una angustia que no desaparece, hay que ayunar y orar».

«Young India», 25 de octubre de 1924

«Como todas las instituciones humanas, el ayuno puede utilizarse tanto de forma legítima como ilegítima. Pero, puesto que constituye un arma importante en el arsenal del *satyāgraha*, no se puede renunciar a él a causa de sus posibles abusos».

«Harijan», 9 de septiembre de 1933

«También puedo ser una persona despreciable, pero cuando la Verdad habla a través mío, soy invencible».

Pyarelal, *The Epic Fast*, 1932

«Si India hiciese de la violencia su credo, y yo viviese aún, dejaría de importarme vivir en India. Mi tierra ya no suscitaría en mí orgullo alguno. Mi patriotismo está al servicio de mi religión. Me aferro a India como un niño al pecho de su madre, porque siento que de ella extraigo el alimento espiritual que necesito. El ámbito indio responde a mis aspiraciones más altas. Si esa fe desapareciese, me sentiría como un huérfano sin esperanza de poder encontrar nunca un tutor».

«Young India», 6 de abril de 1921

«Sólo soy devoto de la Verdad y no tengo disciplina para nada más que para la Verdad».

«Harijan», 25 de mayo de 1935

«Soy un buscador de la Verdad, humilde mas muy sincero. Y, en mi búsqueda, doy la máxima confianza a todos mis compañeros, para poder conocer mis errores y corregirlos. Confieso haber errado a menudo en mis valoraciones y juicios».

«Young India», 21 de abril de 1927

«Sólo la verdad durará, el resto será arrastrado por la corriente del tiempo. Por eso, tendré que seguir atestiguando la Verdad aunque me viese traicionado por todos. La mía, hoy, puede ser una voz en la tempestad, pero cuando todas las demás voces hayan sido silenciadas, aún se oirá, si es la voz de la Verdad».

«Harijan», 25 de agosto de 1946

«Hay una indefinible Fuerza misteriosa que impregna todas las cosas. La siento, aunque no la veo. Esta Fuerza Oculta se hace sentir, aunque se niega a cualquier demostración, porque es muy diferente a todo lo que percibo a través de mis sentidos (...) Percibo confusamente que, mientras que todo lo que me rodea cambia y muere continuamente, subyaciendo a todo este continuo devenir hay un Poder Viviente que no cambia nunca, que mantiene todo unido, que crea, disuelve y vuelve a crear. Este Poder o Espíritu que da forma es Dios. Y dado que ninguna otra cosa de las que veo únicamente a través de mis sentidos puede o podrá durar, sólo Él es».

«Young India», 11 de octubre de 1928

«Destruid mi fe en Dios, y estaré muerto. Podrá pareceros una superstición, pero os confieso que es una superstición que abrazo, al igual que siempre invocaba el nombre de Rama en mi infancia ante cualquier motivo de peligro o alarma. Me lo había enseñado una vieja nodriza».

«Harijan», 14 de mayo de 1938

«Dios es el mayor demócrata que conozca el mundo, porque nos deja «libres» para optar por el bien o el mal. Pero también es el mayor tirano nunca conocido, porque a menudo nos arrebata la copa de los labios y con la excusa del libre albedrío nos deja un margen tan insuficiente que sólo le procura diversión a Él, a expensas nuestras».

«Young India», 5 de marzo de 1925

«Dios es el supervisor más duro que he conocido en esta tierra. Te pone a prueba continuamente. Y cuando descubres que tu fe es insuficiente o que tu cuerpo no te sostiene y te estás hundiendo, de un modo u otro Él viene en tu ayuda y te demuestra que no debes perder la fe, que Él siempre está preparado para acudir a tu señal, pero en Sus condiciones, no en las tuyas. Esto he descubierto. En verdad no puedo recordar ni un solo ejemplo en el que, en el último momento, Él me haya traicionado».

Pyarelal, *Speeches and Writings of Mahātmā Gāndhī*, 1933

«Me estoy esforzando por ver a Dios a través del servicio a la humanidad, porque sé que Dios no está ni en el cielo ni bajo tierra, sino en cada uno de nosotros».

«Young India», 4 de agosto de 1927

«La música divina resuena incesantemente dentro de nosotros, pero los alborotadores sentidos ahogan armonía tan delicada, distinta e infinitamente superior a cualquier música que podamos percibir u oír con ellos».

«Harijan», 13 de junio de 1936

«Amo la música y todas las demás artes, pero no les atribuyo el valor que generalmente se reconoce (...) La vida es más grande que todas las artes. Quiero ir aún más allá y declarar que el mayor artista es aquel cuya vida más se acerca a la perfección; porque, ¿qué es el arte sin el marco y la base seguros de una vida noble?».

Dilip Kumar Roy, *Among the Great*, 1945

«La ausencia de miedo es el primer requisito de la espiritualidad. Los cobardes nunca pueden ser morales».

«Young India», 13 de octubre de 1921

«La ausencia de miedo no significa arrogancia o agresividad. Esta última es en sí misma un signo de miedo. La ausencia de miedo presupone la calma y la paz del alma. Para ello es necesario tener fe viva en Dios».

«Harijan», 3 de noviembre de 1946

«No hay mayor valor que un rechazo absoluto a arrodillarse ante un poder terrenal, sea lo grande que sea, sin acritud de espíritu, y éste sólo puede proporcionarlo la plenitud de la fe que sólo el espíritu vive».

«Harijan», 15 de octubre de 1938

«Tenemos ante nosotros dos alternativas. Podemos convertirnos en una gran potencia militar o, si seguimos mi camino, convertirnos en una gran potencia no violenta e invencible. En ambos casos, como primera condición, hay que dejar atrás el miedo».

«Harijan», 26 de octubre de 1947

«La fe no es una flor delicada que se marchite ante el signo más ligero de tormenta. La fe es como la cordillera del Himalaya, que nunca puede cambiar. Ninguna tempestad puede desplazar las montañas del Himalaya de sus fundamentos. Y yo deseo que cada uno de vosotros cultive esa misma fe en Dios y en la religión».

«Harijan», 26 de enero de 1934

«La razón mal usada se torna en locura. Los racionalistas son seres admirables, pero el racionalismo es un monstruo horrible cuando se declara omnipotente. Atribuir omnipotencia a la razón es un ejemplo de idolatría tan malo como la adoración de la madera o la piedra creyendo que son Dios».

«Young India», 14 de octubre de 1926

«Hay materias en las que la razón no puede llevarnos muy lejos y en las que debemos aceptar las cosas en razón de fe. En estos casos, la fe no contradice la razón, sino que la trasciende. La fe es una especie de sexto sentido que opera en los casos donde la razón no puede competir».

«Harijan», 6 de marzo de 1937

«No comparto la creencia de que en la tierra podrá haber o habrá una sola religión. Por ello, me esfuerzo por encontrar un factor común que pueda inducirnos a la tolerancia recíproca».

«Young India», 31 de julio de 1924

«El alma de las religiones es sólo una, aunque se encierre bajo multitud de formas. Dicha alma persistirá hasta el fin de los tiempos. Los sabios ignorarán la corteza exterior y verán esa misma alma vivir bajo la diversidad de envoltorios».

«Young India», 25 de septiembre de 1924

«No espero que la India de mi sueño desarrolle una sola religión, es decir que se haga completamente hinduista, o enteramente cristiana o del todo musulmana, pero deseo que sea perfectamente tolerante, que sus religiones operen una al lado de la otra».

«Young India», 22 de diciembre de 1927

«En teoría, desde el momento que hay un sólo Dios, podría haber sólo una religión. Pero en la práctica, no he hallado una misma concepción idéntica de Dios ni siquiera sólo entre dos personas de las que conozco. Por eso, siempre habrá, probablemente, diferentes religiones en correspondencia con los distintos temperamentos y las diferentes condiciones ambientales».

«Harijan», 2 de febrero de 1934

«No he conseguido encontrar ninguna diferencia entre el Sermón de la Montaña y la *Bhagavadgītā*. Lo que el Sermón describe de manera clara, la *Bhagavadgītā* lo reduce a una fórmula científica. Puede no ser un libro científico en el sentido habitual del término, pero formula la doctrina del amor, la doctrina del abandono, como la llamaría yo, de manera científica. El Sermón de la Montaña propone la misma doctrina con palabras magníficas».

«Young India», 22 de diciembre de 1927

«La experiencia me ha enseñado que el silencio forma parte de la disciplina espiritual de un seguidor de la verdad. La inclinación a exagerar, a reprimir o distorsionar la verdad, deliberadamente o sin querer, es una debilidad natural del hombre, y el silencio es necesario para superarla. Un hombre de pocas palabras raramente será irreflexivo en sus discursos: medirá cada palabra».

Autobiography, 1927

Glosario mínimo

abhiasa: perseverancia en la devoción
ahimsā: no-violencia
ānanda: bondad
anekānta: indeterminado
aparigraha: desapego de personas, cosas, lugares
asprisya: intocable, excluido
āśram: comunidad de carácter religioso
asteya: abstinencia de tomar lo que no es ofrecido
ātman: el alma, el Sí

baniyā: la casta de los comerciantes
Bhagavadgītā: El Canto del santo Señor, parte central del *Mahābhārata.*
bhakti: devoción
brahmācārya: castidad
brāhmana, bramín: perteneciente a la primera casta hindú, la de los sacerdotes

car'khā: telar tradicional manual de rueda vertical
cārya: línea de conducta
chit: conocimiento
coolie (ingl.): cargador, portador (en India y Sudáfrica)

devania: derecho de recaudación de la contribución territorial
dhotī: túnica india que cuelga por los lados hasta cubrir las piernas
diwān: primer ministro, por cargo hereditario, de un principado indígena
dukkha: insatisfacción, dolor, infelicidad

farm (ingl.): granja, empresa agrícola
fatwā: decisión, sentencia jurídica, opinión en materia de religión islámica

ghī: mantequilla aclarada utilizada en la cocina y en la práctica devocional hindú
Great Muttiny (ingl.): «gran motín», el de los *sepoy* (cipayos) de 1857
gujarati: la lengua hablada en el Gujarat, región natal de Gāndhī
gurkha: tropas nepalíes al servicio de los ingleses
guru: maestro espiritual

harijan: hijo de Dios, como Gāndhī llamaba a los intocables
har'tāl: huelga con connotaciones religiosas a la que se recurre con ocasión de duelos o protestas
himsā: violencia
hindī: lengua literaria de la India moderna, prevista para el futuro como lengua oficial
hindustani: propio del Indostaní

jaina: seguidor del jainismo
jāti: pertenencia por nacimiento a una casta
jina (s): los vencedores
jīva: principio vivificador que da origen a las infinitas formas de la vida

karma: ley moral que prevalece en el universo
khaddar: sinónimo de *khadi*
khādī: pieza de tela hilada a mano utilizada como indumentaria
ksatrya: casta de los guerreros, de los nobles

lapse: decadencia (jurídica)

maha: grande
Mahābhārata: gran poema épico del hinduismo
mahārājā: gran rey
mahātmā: gran alma
marghee *(ingl.): tipo de elefante indio*
modh baniyā: subcasta de los *baniyā*
moksa: liberación, realización espiritual según el pensamiento hindú

nirvāna: ausencia de pasiones, extinción definitiva de todos los nexos causales
nuwwāb: vicario, nabab

pandit: título atribuido a personas doctas, especialmente maestros
pariah: indio situado fuera del sistema de castas, intocable
parsi: miembro de la comunidad religiosa zoroastriana
pudgala: la materia, la envoltura del cuerpo humano
punjabi: propio del Punjab

raj: gobierno
rājā: rey
Rāmāyana: poema épico del hinduismo
ratna: joya, gema
rhani: reina

sachkand: santidad absoluta
śakti: potencia psíquica
sat: verdadero, verídico
satyāgraha: perseverancia en la verdad
satyāgrahī: el que practica el *satyagraha*
sepoy (ingl.): cipayos, tropas indias al servicio de los ingleses
shāh: título de los monarcas persas
sharī'ah: la doctrina religiosa, la ley tradicional islámica
sītā: sede del *nirvāna*, lugar de la santidad eterna
smriti: memoria de lo que ha sido
stūpa: túmulo funerario destinado a albergar las reliquias de Buda
sudra: cuarta y última casta india, la de los trabajadores corrientes
swadeśi: autosuficiencia económica, autarquía
svarāj: autogobierno

tanhā: la sed, la avidez que lleva al apego a la vida y a sus aspectos caducos
tapas: ardor interior, aceptación del sufrimiento

ulemā: sacerdote islámico
Upaniśad: textos metafísicos, en prosa y en verso, que completan los *Veda*
urdū: lengua basada en la *hindi* del vocabulario persa y árabe

vāda: inexpresable, indecible
vairagya: indiferencia ante los intereses de la vida
vaisya: casta de los agricultores-comerciantes, guardianesdel ganado
Veda (s): conjunto de textos antiguos del hinduismo transmitidos oralmente. *Veda* significa, literalmente, saber, conocimiento

Bibliografía

Arias Bonet, *Gonzalo: La no violencia. ¿Tentación o reto?*, AUTOR-EDITOR, La Línea (Cádiz) 1985

Arias, Gonzalo: *El proyecto político de la no violencia*, Editorial Nueva Utopía, Madrid 1995

Arias, Gonzalo: *La no violencia como alternativa*, Editorial Nueva Utopía, Madrid 1999

Attenborough, David: Las *Palabras de Gāndhī*, Bruguera, S.A., 1983

Bobbio, Norberto: *El problema de la guerra y las vías de la paz*, Editorial Gedisa, S.A., Barcelona 1982

Byler, Dionisio: *Jesús y la no violencia*, Editorial Clie, Terrassa (Barcelona) 1993

Corral Prieto, Luis, [et. al.]: *La no-violencia*, Editorial CCS, Madrid 1993

Díaz-Plaja, Aurora: *Ahïmsa, la no-violencia de Gāndhī*, Hogar del Libro, S.A., Barcelona 1987

Fraga, Ana María: *Pensamiento político de Gāndhī*, Editorial Ahimsa, Valencia 2001

Gāndhī, Mahātmā: *Autobiografía de Gāndhī*, Arkano Books, Móstoles (Madrid) 2001

Gāndhī, Mahātmā: *Gāndhī y la no-violencia: una selección de los escritos de Mahātmā Gāndhī*, Ediciones Oniro, S.A., Barcelona 1998

Gāndhī, Mahātmā: *Las palabras de Gāndhī* Ediciones Siddharth Mehta, Madrid 1989

Gāndhī, Mahātmā: *Palabras para la paz*, Editorial Sal Terrae, Santander 2001

Gāndhī, Mahātmā: *Quien sigue el camino de la verdad no tropieza: palabras a un amigo*, Editorial Sal Terrae, Santander 2000

Gāndhī, Mahātmā: *Todos los hombres son hermanos*, Ediciones Sígueme, S.A., Salamanca 2000

Gāndhī, Mohandās Karamchand (Mahātmā), [et al.]: *¿Defensa armada o defensa popular no-violenta?*, Hogar del Libro, S.A., Barcelona 1982

Gāndhī, Mohandās Karamchand (Mahātmā): *Guía de la salud*, Distribuciones y Ediciones Bellsolá, Barcelona 1974

Gāndhī, Mohandās Karamchand (Mahātmā): *Mis experiencias con la verdad*, Eyras, S.A., Madrid 1983

Gāndhī, Mohandās Karamchand (Mahātmā): *Mis experiencias con la verdad (Autobiografía)*, Eyras, S.A., Madrid 1978

Girardi, G.: *Redescubrir a Gāndhī*, Editorial Nueva Utopía, Madrid 2001

Goss-Mayr, Jean; Mayr, H.: *Otra revolución. La violencia de los no violentos*, Fontanella, S.A., Barcelona 1970

Häring, Bernhard: *Evangelio, no violencia y contestación*, Editorial El Perpetuo Socorro, Madrid 1993

Lassier, Susanne: *Gāndhī y la no violencia*, Ediciones San Pablo, Madrid 1983

Martínez Abad, Marisa: *Vida y pensamiento de Mohandās Gāndhī*, Editorial Breogán, Madrid 1979

Martínez González, Emilio José: *Gāndhī, experiencia de dios y exigencia ética*, Editorial Desclée de Brouwer, S.A., Bilbao 1999

Muller, Jean-Mari: *Gāndhī, la sabiduría de la no violencia*, Editorial Desclée de Brouwer, S.A., Bilbao 1995

Panikkar, Raimon: *La experiencia filosófica de la India*, Editorial Trotta, S.A., Madrid 1997

Red de Investigación y Educación para la Paz: *La tolerancia, un valor para la convivencia: material para la celebración del día escolar de la no violencia y la paz*, Autor-Editor, Sevilla 1994

Segura Etxezarraga, Josefa: *Guerra imposible: ética cristiana entre guerra justa y no-violencia*, Editorial Desclée de Brouwer, S.A., Bilbao 1992

Tola, Fernando, tr: *El canto del Señor. Bagavad-Gîtâ*, Editorial Biblioteca Nueva, S. L., Madrid 2000

Vaillant, François: *La no violencia en el Evangelio*, Editorial Sal Terrae, Santander 1993

Vidal Vidal, Llorenç: *Fundamentación de una pedagogía de la no-violencia y la paz*, Editorial Marfil, S.A., Alcoy (Alicante) 1971

Villiers, Gérard de: *Muerte a Gāndhī*, Ediciones Zinco, S.A., Barcelona 1987

Referencias fotográficas

Archivio Electa, Milano; Centro de documentación Mondadori, Segrate (Milano); Corbis/Grazia Neri, Milano; Corbis/De Bellis Fotografía, Milano; Fototeca Histórica Nacional, Milano; Jean-Louis Nou
Las imágenes de la página 16, abajo; pág. 35 y pág. 36 abajo derecha; págs. 108-109 se ha extraído del volumen «Estilo India» de Herbert, J.M., Ympa, Milán 1996.

El editor queda a disposición de quienes tengan los derechos de eventuales fuentes iconográficas no identificadas.